Be the change you wish
to see in the world.

– Mahatma Gandhi –

INHALT

HANNAH SARTIN   CARLO KRAUSS

WIE WIR ES SCHAFFEN, OHNE MÜLL ZU LEBEN

Zero Waste als Lifestyle

mvgverlag

Bibliografische Information der Deutschen Nationalbibliothek
Die Deutsche Nationalbibliothek verzeichnet diese Publikation in der Deutschen Nationalbibliografie. Detaillierte bibliografische Daten sind im Internet über http://dnb.d-nb.de abrufbar.

Für Fragen und Anregungen:
info@mvg-verlag.de

Originalausgabe, 1. Auflage 2017

© 2017 by mvg Verlag, ein Imprint der Münchner Verlagsgruppe GmbH
Nymphenburger Straße 86
D-80636 München
Tel.: 089 651285-0
Fax: 089 652096

Die in diesem Buch veröffentlichten Informationen, Tipps und Rezepte wurden mit großer Sorgfalt zusammengestellt und geprüft. Es kann dennoch weder von den Autoren noch von dem Verlag eine Garantie übernommen werden, dass die Informationen auf Ihre Situation zutreffen. Daher kann keine Haftung für Personen-, Sach- oder Vermögensschäden übernommen werden.

Redaktion: Annett Stütze
Umschlaggestaltung: Verena Frensch
Umschlagabbildung: Carlo Krauß und Hannah Sartin
Layout und Satz: Daniel Förster, Belgern
Druck: CPI books GmbH, Leck

Printed in Germany

ISBN Print 978-3-86882-721-7
ISBN E-Book (PDF) 978-3-86415-987-9
ISBN E-Book (EPUB, Mobi) 978-3-86415-988-6

Weitere Informationen zum Verlag finden Sie unter

www.mvg-verlag.de

Beachten Sie auch unsere weiteren Verlage unter www.m-vg.de.

EINLEITUNG

Wir sind Hannah und Carlo, und gemeinsam mit unseren zwei Töchtern leben wir Zero Waste. Genau genommen leben wir es nicht nur, wir lieben es auch. Doch was heißt das eigentlich? Übersetzt steht Zero Waste für »Null Müll«. Wir versuchen also, in unserem Alltag absolut keinen Müll zu produzieren. Falls du an dieser Stelle skeptisch wirst – es funktioniert wirklich!

Im Grunde genommen geht es um eine Umstellung der eigenen Konsumgewohnheiten, und diese sollte vor allem eines sein: EINFACH, und zwar für dich! Jeder Mensch ist anders gestrickt, und jeder von uns hat andere Prioritäten und Vorlieben. Das Schöne an Zero Waste ist, dass es tausend verschiedene Wege gibt, zu einem müllfreien oder -reduzierten Alltag zu kommen. Wo du anfangen möchtest, bestimmst du ganz allein.

Die Null in Zero Waste kann einen verunsichern. Eine Bloggerkollegin hat ihren Blog »Near-O-Waste« getauft (also: Fast-O-Müll), was wir sehr passend finden, denn beim müllfreien Leben ist der Weg das Ziel. Wir alle wissen, dass es in unserer Gesellschaft echt schwierig ist, absolut keinen Müll zu verursachen, deshalb möchten wir an dieser Stelle den Druck rausnehmen, schließlich soll das Ganze ja Spaß machen. Die Umstellung auf einen müllfreien Alltag erfolgt in vielen kleinen Schritten, und jeder entscheidet selbst, wann er bereit ist, etwas aufzugeben oder auch nicht. Möglicherseise geht es euch an dieser Stelle ähnlich wie uns vor ein paar Jahren. Die Idee klingt ja schön und gut, aber wie um alles in der Welt soll das funktionieren?

ZERO WASTE – WAS IST DAS?

Es ist das Bewusstsein dafür, möglichst wenig oder am besten gar keinen Müll zu verursachen. Man setzt also auf nachhaltigen Konsum, nutzt nur, was man wirklich braucht, und hinterfragt Kaufentscheidungen.

Im Grunde ist es eine Lebenseinstellung – und zwar der Befreiung vom Konsum (und damit vom Erwerbszwang) hin zur Freiheit eines selbstbestimmten, möglichst autonomen Lebens.

Vielleicht lässt du in diesem Moment lange Supermarktgänge vor deinem inneren Auge Revue passieren. Null Müll bedeutet gleichzeitig auch Null Plastik, und das ist mittlerweile fast überall zu finden. Von der Zahnbürste bis hin zur Müsliverpackung oder der Wasserflasche. Was kann man dann noch kaufen? Oder besser: Wo und wie kauft man ein, wenn man Stoffe wie Plastik vermeiden möchte? Und was macht man, wenn man sich im Restaurant etwas zum Mitnehmen bestellt? Was in der Theorie nach einer fast unlösbaren Aufgabe klingt, ist in der Praxis ein durchaus umsetzbares Lebensmodell. Allein schon deshalb, weil nicht alles von heute auf morgen passieren muss.

Die Zero-Waste-Philosophie basiert auf den 5 Rs. Diese Grundpfeiler erleichtern den Einstieg in den Lifestyle und bieten eine gute Basis, um sich Stück für Stück umzustellen. Sie wurden durch Bea Johnson, eine in Amerika lebende Französin und Autorin des Buches *Zero Waste Home*, bekannt. Und hier sind sie:

Refuse – **Verweigern**. Das klingt im ersten Moment radikal und ist es wahrscheinlich auch, doch wenn man sich ganz offen die Frage stellt »Brauche ich das wirklich?«, lautet die Antwort in den meisten Fällen »Nein«. Wir werden im Alltag oft dazu verführt, überflüssige Käufe zu tätigen. Angebote à la »2 zum Preis von 1« können nahezu unwiderstehlich wirken. Doch fast 50 Prozent der Dinge, die wir aus einem Impuls heraus kaufen, wandern schon nach kürzester Zeit wieder in den Müll. Und wenn man die Wertschöpfungskette vieler Konsumgüter hinterfragt, entsteht häufig von selbst der Wunsch, viele Dinge nicht mehr zu kaufen. Hilfreiche Fragen diesbezüglich könnten sein: Woher kommt dieses Produkt? Unter welchen Bedingungen wurde es produziert? War der Anbau für den Rohstoff nachhaltig gestaltet? Hat es eine lange Garantie? Lässt es sich reparieren? Und so weiter und so fort. Gleiches gilt auch für Gratisproben und sogenannte *Give Aways*. Es ist vollkommen in Ordnung diese abzulehnen. Vor allem wenn man schon im Vorfeld weiß, dass man etwas nicht braucht.

Reduce – **Reduzieren.** Hierbei geht es um eine allgemeine Bestandsaufnahme der eigenen Besitztümer. Bei genauerer Betrachtung ist man oftmals überrascht von der Fülle der Gegenstände, die sich über die Jahre im eigenen Haushalt angesammelt haben. Anstatt einer Käsereibe hat man oft drei in der Schublade, und eine davon funktioniert nicht mal mehr so recht. Warum an den Dingen festhalten? Benutzen wir doch ohnehin nur die eine. Die anderen beiden können verschenkt, auf dem Flohmarkt verkauft oder möglicherweise zu etwas anderem umfunktioniert werden.

Das bringt uns gleich zum nächsten Punkt *Re-use* – **Wiederverwenden.** Sich aller Gegenstände zu entledigen, wäre in vielen Fällen sicher nicht die ökologischste Variante. Vielleicht findet sich also eine neue Verwendung für diesen oder jenen Gegenstand? Wenn nicht im eigenen Haushalt, dann vielleicht in einem anderen. Stichwort *Upcycling*: Hierbei geht es darum, aus alten Dingen Neues zu schaffen. Anstatt unbenutzte Gegenstände dem Müllkreislauf zuzuführen, gibt man ihnen einen neuen Sinn.

Im Internet findet man auf vielen Seiten (z.B. unter http://www.weupcycle.com) viele Anregungen zu diesem Thema. *Upcycler* haben zudem herausgefunden, dass fast jeder Gegenstand – vom nicht mehr funktionsfähigen Toaster bis zum leeren Filzstift – bis zu fünfzig verschiedene Verwendungsmöglichkeiten hat.

Ein weiterer Aspekt des Wiederverwendens ist das Reparieren. Deine Oma hat dir noch beigebracht, wie man Socken stopft? Dann nichts wie los! Und anstatt defekte Geräte zu ersetzen, kann man erst Erkundigungen einholen, ob es nicht auch ein Ersatzteil für den defekten CD Player gibt oder ob es innerhalb der Garantieleistung möglich ist, Reparaturen durchführen zu lassen. Oder man schaut in einem Repair-Café vorbei.

Die positiven Nebenaspekte sind zahlreich: Man gibt kein Geld für ein neues Produkt aus, hat die Zeit gespart, in einem überfüllten Geschäft nach dem passenden Ersatz zu suchen, hat sein handwerkliches Können aufgefrischt und Ressourcen geschont. Und das Beste: Man fühlt sich wunderbar unabhängig.

Wiederverwendung oder besser Weiterverwenden greift übrigens nicht nur bei Gegenständen, sondern auch bei Lebensmitteln. In den folgenden Kapiteln teilen wir diesbezüglich unsere bewährtesten Tipps mit euch.

Recycle – **Wiederverwerten**. Entgegen der landläufigen Meinung können viele Wertstoffe nicht wirklich recycelt werden, der Energieaufwand ist meist hoch und die Recyclingquote, also der Anteil wiederverwerteter Rohstoffe, oftmals niedrig. Nur wenige Wertstoffe sind tatsächlich gut recycelbar, zum Beispiel Papier oder Glas. Manche Städte bieten zwar Mülltrennung an, haben aber gar keine Verwertungsanlagen vor Ort und führen die Materialen dann doch der Verbrennung zu. Recycling ist ein kniffliges Thema, bei dem es sich lohnt, genauer hinzusehen, auch ein Anruf bei den örtlichen Abfallwirtschaftsbetrieben kann viele Fragen klären.

Rot – **Kompostieren**. Das Ziel unseres und wahrscheinlich aller Zero-Waste-Haushalte wäre es, eines Tages nur noch kompostierbare Abfälle zu produzieren. Ein fast schon utopischer Gedanke, aber ein schöner. Tatsächlich macht Kompost den größten Anteil unseres noch anfallenden »Abfalls« aus. Obwohl wir ihn nicht gern Abfall nennen, denn Kompost schafft Grandioses, nämlich neues Leben. Die Möglichkeiten des Kompostierens sind vielfältig und auf einige gehen wir später im Buch noch ein.

Seit wir müllfrei leben, haben wir viel Neues dazugelernt, fühlen uns gesünder und gehen um einiges achtsamer durch unseren Alltag. Wie wir das machen und auf welche Hürden wir unterwegs gestoßen sind, möchten wir euch in den folgenden Kapiteln erzählen.

WIE ES DAZU KAM

Wir werden oft gefragt, was uns darauf gebracht hat, müllfrei zu leben. Dieser Prozess lässt sich nicht mit einem Satz zusammenfassen, aber eines ist sicher: Alles hat mit der Geburt unserer ersten Tochter angefangen.

Bis zum Tag von Emmas Geburt war uns unsere Umwelt alles andere als egal, aber die volle Wucht unserer Verantwortung wurde auf einen Schlag spürbar, als wir unser eigenes Kind zum ersten Mal in den Armen hielten. Nach uns kam jetzt nicht mehr irgendeine anonyme Generation, sondern es würden unsere Enkelkinder sein, die mit dem, was wir ihnen hinterließen, leben müssten. Klimawandel, Feinstaubalarm, riesige Müllteppiche im Meer, Gifte wie Chrom6 in Kleidung und hormonverändernde Weichmacher in unseren Nahrungsmitteln. Artikel über Schätzungen wie zum Beispiel die, dass es 2050 mehr Plastik als Fische im Meer geben würde. Oder die neueste Studie des WWF, dass bereits 2020 zwei Drittel aller jetzt lebenden Tierarten ausgestorben sein werden. Die Flut der Umweltprobleme schien an manchen Tagen kaum mehr zu ertragen. Der Wunsch, etwas zu ändern, wurde plötzlich zu einer drängenden Notwendigkeit. Entgegen des beliebten Spruchs »Think Big« tendierten wir zu »Think Small«. Wir wollten in erster Linie Veränderung in unserem kleinsten Umfeld frei nach dem Zitat von Gandhi: »Be the change you wish to see in the world.«

Es ging darum, Dinge umzusetzen, die wenig Aufwand und nur etwas mehr Achtsamkeit unsererseits erforderten. Der Mobilfunkvertrag bietet ein neues Handy an, obwohl das alte noch wunderbar funktioniert? Warum? Mit einem freundlichen »Nein, danke« kann man ein kleines Zeichen setzen, dass Aufmerksamkeiten dieser Art unnötig sind. Der Laptop ist kaputt und kann nicht mehr repariert werden? Dann gibt es die Möglichkeit, gut gepflegte Gebrauchtgeräte zu kaufen. Es sind oft Kleinigkeiten, mit denen man bereits Ressourcen schont.

Zuerst einmal haben wir versucht, uns daran zu erinnern, was unsere Eltern möglicherweise anders gemacht haben. Meine Mutter beispielsweise hat selbst Wolle gesponnen und daraus Pullover gestrickt, und mein Vater hat viele unserer liebsten Spielsachen selbst geschnitzt und gebaut. Der Anspruch, sich von der Konsumgesellschaft abzukoppeln und auf Plastik zu verzichten, war hier also schon vorhanden gewesen, bei Carlo war es ähnlich. Seine Mutter hat ein gutes Auge für Qualität und findet auf dem Flohmarkt immer wieder fantastische Schätze. Unsere Eltern haben uns somit also schon einen guten Start in ein Leben als bewusste Konsumenten gegeben. Trotzdem sind wir das nicht immer gewesen, und der Hauptgrund dafür war sicher oftmals Bequemlichkeit gepaart mit der Tatsache, dass wir hier in Deutschland in der unglaublich privilegierten Situation leben, uns mit vielen Thematiken, besonders jenen, die Müll betreffen, nicht auseinandersetzen zu müssen. Die Straßen sind sauber gefegt, die Mülltonnen werden regelmäßig geleert. Aus den Augen, aus dem Sinn.

Wir haben bio gekauft und waren oft auf dem Markt, wir haben viel Secondhand erstanden. Wir waren begeistert, wenn wir von Menschen lasen, die den Aussteigertraum lebten oder gänzlich ohne Plastik auskamen. Doch waren diese Selbstversuche wirklich nachahmbar? Ich erinnere mich daran, wie wir durch den Bioladen gegangen sind mit dem Hintergedanken, plastikfrei leben zu wollen, und an die vielen Fragen, die beim Anblick der zahlreichen Verpackungen in unseren Köpfen umherschwirrten. Wie soll das funktionieren? Auch die romantische Vorstellung davon auszusteigen, sich vollständig abzukoppeln und ein Selbstversorgerleben anzustreben, kam uns in den Sinn, unsere Kinder würden einen Großteil ihrer Zeit an der frischen Luft verbringen, viel über die Natur lernen und nur selbst angebautes Gemüse essen. Doch auch hier fragten wir uns, wovon wir dann unseren Lebensunterhalt bestreiten sollten. In unseren Breitengraden schien es uns schier unmöglich, das ganze Jahr über von selbst angebauten Erzeugnissen zu leben. Keiner dieser Lebensstile schien wirklich umsetzbar. Also machten wir weiter wie gehabt. Wir waren achtsam, aber kauften weiterhin regulär ein. Aus gesundheitlichen Gründen (Weichmacher) kauften wir zwar immer schon Milch und Joghurt und auch Sahne im Glas, aber wenn es den Früchtequark nur im Plastikeimerchen gab, dann war das eben so. Ließ sich nicht vermeiden, dachten wir zumindest.

BEA JOHNSON

Sie ist eine in Kalifornien lebende Französin, die gemeinsam mit ihrer Familie müllfrei lebt. Sie ist die Person, die den Zero-Waste-Lifestyle massiv verbreitet hat, sowohl über ihren Blog, ihr Buch *Zero Waste Home* als auch über die vielen Vorträge über das Thema, die sie überall auf der Welt hält.

Das änderte sich, als ich eines Tages im Internet auf die Geschichte von Bea Johnson stieß, die mit ihrer Familie ein müllfreies Leben führte. Nicht nur plastikfrei, nein, müllfrei. Den noch anfallenden Müll sammelte die Familie in einem Bügelglas. Der Jahresmüll einer vierköpfigen Familie passte in ein einen Liter großes Einmachglas. Ich fing an, mehr zu dem Thema zu recherchieren, und mit jedem weiteren Artikel, Selbstversuch und Blog wuchs meine Begeisterung. Als ich Carlo davon erzählte, reagierte er zunächst ungläubig, doch mit der Zeit hatte er immer mehr Ideen und Vorschläge, was man ändern könnte und wie man dabei vorgehen könnte.

In diesem Jahr wurde unsere zweite Tochter Holly geboren, sie kam zu Hause auf die Welt. Jeder, der sich schon mal auf eine geplante Hausgeburt vorbereitet hat, weiß, wie viele Widerstände einem begegnen können. Doch gleichzeitig hat uns dieses Erlebnis als Familie geprägt. Wir waren mit unseren Entscheidungen im Einklang und hatten gelernt, dass wir unserem Bauchgefühl vertrauen konnten, auch wenn wir Gegenwind erhielten. Um es auf den Punkt zu bringen, wir waren um einiges selbstbewusster geworden, was unsere Entscheidungen anbelangte. Als der Restbestand von Emmas Neugeborenen-Windeln (wir hatten sie in einem Karton aufgehoben) aufgebraucht war, besorgten wir mitwachsende Stoffwindeln für Holly. Zu Hause hatten wir ohnehin nie Feuchttücher benutzt, und unterwegs gab es nun mehr Baumwolltücher und Wasser. Was hatte uns also so lange aufgehalten, unser Verhalten zu ändern? Rückblickend wissen wir, dass es hauptsächlich damit zu tun hatte, dass all unsere Gedanken zu theoretisch waren. Verkopft, wie wir waren, schienen die Lösungen nicht schlüssig. Dabei war es im Grunde genommen so einfach. Wir mussten nur damit anfangen, etwas zu ändern! Einen Startpunkt setzen!

Die vormals erwähnte Französin, Bea Johnson, war unsere stärkste Inspiration, sie ist die Ikone der Bewegung, und ich verschlang ihr 2013 erschienenes Buch *Zero Waste Home* und fühlte mich am Ende der Lektüre hoch motiviert. Wenn es in Amerika funktionierte, so konsequent zu leben, dann musste es doch im so umweltfreundlichen Deutschland erst recht gehen.

Ihr könnt euch vorstellen, wie überrascht wir waren, als wir im Zuge unserer Recherchen erfuhren, dass wir Deutschen tatsächlich unter den Europameistern im Müllproduzieren sind. Mit einer durchschnittlichen Gesamtmenge von 618 Kilogramm pro Kopf belegen wir den vierten Platz. Davon machen Verpackungen ganze 213 Kilogramm aus. Damit wollten wir nichts mehr zu tun haben.

EIN PAAR FAKTEN IM ÜBERBLICK

In Europa produzieren nur drei andere Länder noch mehr Müll pro Person und Jahr als wir. 774 Kilogramm Abfälle gehen auf die Kappe der Dänen, ihnen folgen die Luxemburger mit 653 Kilogramm, und die Einwohner von Zypern schaffen es auf 624 Kilogramm. Auf den unteren Rängen rangieren die Rumänen (272 Kilogramm) und die Esten (293 Kilogramm), die deutlich niedrigeren Zahlen zeigen, dass es auch anders gehen könnte.

Coffee-to-Go, weil man seinen Becher vergessen hatte, oder auch die Süßigkeiten an der Supermarktkasse gehörten für uns von nun an der Vergangenheit an. Wir waren bereit, dem Müll den Kampf anzusagen, und legten los: mit einem Konsumstopp.

Wir kauften einfach nichts mehr. Das heißt nichts, was wir nicht unbedingt zum Leben brauchten, wie etwa frisches Obst und Gemüse etc. Die Zeit, die wir durch die nicht mehr nötigen Einkäufe sparten, verbrachten wir nun mit einer eingehenden Bestandsaufnahme. Erster Halt war die Küche. Nachdem wir all unsere Vorräte im Speiseregal in Augenschein genommen hatten, beschlossen wir, diese erst zu verbrauchen, bevor neue, unverpackte Lebensmittel Einzug halten durften. Das hat eine angenehme Abwechslung in unseren Speiseplan gebracht, denn wenn man nur mit den Dingen kocht, die man bereits im Haus hat, muss man mitunter kreativ sein. Bis zu diesem Zeitpunkt wussten wir z. B. nicht, dass wir mit unserem Risotto-Reis ebenso gut Milchreis kochen konnten.

Diese Zeit hat uns sehr viel Spaß gemacht, vor allem, weil viele Dinge plötzlich so unkompliziert waren. Wenn es etwas nicht gab, dann war es einfach so, und die Herausforderung, einen passenden Ersatz selbst herzustellen aus dem, was gerade verfügbar war, nahmen wir immer wieder gerne an. Auch sämtliche Küchengerätschaften, Aufbewahrungsmöglichkeiten und Geschirr wurden noch mal unter die Lupe genommen. Was brauchten wir wirklich, und wie viel braucht man wovon? Alles, was nicht mehr funktionierte oder nie benutzt wurde, flog gnadenlos raus.

Eine weitere Herausforderung bestand darin, alle aussortierten Gegenstände weiterzugeben, denn sie wegzuwerfen hätte nicht den Grundsätzen unserer neuen Philosophie entsprochen. Die Gegenstände, die wir nicht weitergeben konnten, packten wir in eine Flohmarktkiste, um sie zu gegebener Zeit zu verkaufen. Unsere Schritte waren also Innehalten, Bestandsaufnahme und anschließendes Minimieren unserer Habseligkeiten.

DIE SACHE MIT DEM MÜLL

Waren die Deutschen nicht Vorreiter in Sachen Umwelt? Zwischen dem Bild, das wir von uns haben, und den harten Fakten klafft tatsächlich eine große Lücke.

Auf der Suche nach Antworten auf die Fragen, woher der ganze Müll kommt und warum er stetig mehr zu werden scheint, haben wir uns mit den Anfängen des Müllproblems auseinandergesetzt. Denn eigentlich fing alles ganz harmlos an. Na ja, einigermaßen harmlos. Während der Zeit der Industrialisierung wuchsen die Städte und mit ihnen die Zahl deren Einwohner. Um Epidemien vorzubeugen, wurden die Versorgung mit sauberem Wasser sowie die Beseitigung des Mülls zu immer wichtigeren Themen. Ende des 19. Jahrhunderts entstanden die ersten Müllabfuhren, damals wurden die Mülltonnen allerdings noch mit dem Pferdefuhrwerk abgeholt. In einer Aufzeichnung von 1911 wird beschrieben, dass exakt 44 Mülltonnen mit einem Fassungsvermögen von je 125 Litern auf ein solches Pferdegespann passten.

Anders als heute bestand der Inhalt der Tonnen nicht aus Plastik, sondern hauptsächlich aus Asche. Das preußische Kommunalabgabengesetz von 1893 erlaubte es sogar, Gebühren für die Straßenreinigung und die Müllabfuhr zu erheben. Der erste Mülleimer soll 1884 in Grenoble aufgestellt worden sein, die Bürger der Stadt wurden dazu verpflichtet, ihre Abfälle in diesen Metallbehälter zu werfen – ihr Abtransport wurde mit einem Pfeifton angekündigt.

Die Städte kämpften aber nicht nur mit dem Müll, den die vielen Haushalte verursachten, sondern durch die modernen Arbeits- und Herstellungsmethoden mussten auch Industrie- und Gewerbeabfälle entsorgt werden. Da gab es Steinkohlenschlacke aus Verbrennungsanlagen, Metallabfälle, Abfälle von Alaun-, Anilin und Farbenfabriken. Auch Druckereien und Kokereien kamen nicht ohne Rückstände aus. Tausende Tonnen fielen dabei an, die nicht einfach mit dem Hausmüll wegtransportiert werden konnten. Wenn man sie nicht weiterverwerten konnte, behandelte man diese Abfälle wie einen Schatz, den man nie wiederfinden wollte: Man vergrub sie einfach. Eine Praxis, die man leider, wenn auch unter vermeintlich sicheren Bedingungen, beibehalten hat – denkt man beispielsweise an den Atommüll.

Mit dem deutschen Wirtschaftswunder wuchsen auch die Müllberge hierzulande rasant. Nach der langen Zeit der Entbehrung im Zweiten Weltkrieg genossen die Menschen es, sich schöne Dinge zu kaufen und so den neu gewonnenen Wohlstand zu feiern. Eine unschöne Begleiterscheinung der neuen Konsumfreudigkeit war die geplante Obsoleszenz. Bereits in den 1920er-Jahren hatte der Präsident von General Motors, Alfred P. Sloan, diese Praxis für Automobile eingeführt.

GEPLANTE OBSOLENZ

Hierbei handelt es sich um eine absichtliche Verringerung der Lebensdauer eines Produkts durch den Hersteller. Was zur Folge hat, dass der Konsument nach absehbarer Zeit ein neues Produkt kaufen muss, um das defekte zu ersetzen. Was in den Fünfzigern noch harmlos schien, ist heutzutage zur Normalität geworden: Das Mobiltelefon ist veraltet und muss gegen ein neues ausgetauscht werden, und schon passt das Ladekabel des Vorgängermodells nicht mehr. Der Drucker ist kaputt, aber es gibt leider keine Ersatzteile für das Gerät, der Neukauf ist oftmals günstiger als der Versuch, es zu reparieren. Wir alle kennen diese Beispiele zur Genüge.

Ein weiterer Punkt war die Mode, sie wechselte immer häufiger und somit auch der Wunsch, modern zu bleiben. Die Zeiten der Maßschneidereien waren Vergangenheit, und Mode von der Stange eroberte die Kaufhäuser. Verglichen mit heutigen Phänomenen wie *Fast Fashion* kann man sich kaum noch vorstellen, dass man damals nur zweimal im Jahr seine Garderobe erweiterte (gemäß der Saison Frühjahr/Sommer und Herbst/Winter). Doch das rasante Wachstum machte sich nichtsdestotrotz bemerkbar. Der wirtschaftliche Aufschwung war mit einer regelrechten

Mülllawine verbunden. Zwischen 1950 und 1961 stieg das Müllvolumen um ganze 100 Prozent, wobei insbesondere die Kunststoffpackungen immens zunahmen, insgesamt um 3780 Prozent!

Als besonders problematisch erwies sich das immer beliebter werdende Material Plastik. Vom Eierbecher bis hin zur Krawatte wurde es überall eingesetzt. Es war bunt, kostengünstig und praktisch. Hätte man damals gewusst, was es mit der Lebensdauer des Stoffes auf sich hat, wäre die eine oder andere Kaufentscheidung sicherlich anders ausgefallen, wobei ... Im industriellen Maßstab werden die sogenannten Polymere – die Hauptkomponente bei der Herstellung von Kunststoffprodukten – seit rund 60 Jahren produziert. Damals wurde das neue Material über den grünen Klee gelobt, als hätte man bislang nichts Besseres erfinden können. Die Sensation schlechthin, gleichzusetzen mit der späteren Mondlandung. Während Letzteres immer noch ein Meilenstein in der Geschichte der Menschheit ist, kann davon beim Plastik nicht die Rede sein.

Fangen wir mal bei der Plastiktüte an: Wusstest du, dass es bis zu 600 Jahren dauert, bis sich eine Plastiktüte zersetzt? Das Material ist also extrem beständig. Die einzige Entsorgungsmöglichkeit, bei der die Entstehung von Mikroplastik verhindert wird, ist die Verbrennung, hierbei entstehen jedoch neben CO_2 andere Umweltgifte wie beispielsweise Dioxine. Hierzulande werden diese giftigen Stoffe in den Müllverbrennungsanlagen mittels moderner Luftfilter fast vollständig herausgefiltert, andernorts ist das allerdings nicht der Fall, und die Umwelt wird dadurch stark belastet.

Joseph Beuys stellte einst eine handsignierte Plastiktüte als »Soziale Plastik« aus. Das wäre auch eine Möglichkeit, sich von den Einwegtragetaschen zu verabschieden. Langlebiger und auf Dauer auch umweltfreundlicher (im Schnitt nach 26 Benutzungen) sind Tragetaschen aus Baumwolle, Jute oder Leinen. Für den Einkauf von Lebensmitteln eignen sie sich perfekt, wir verwenden sie auch für den Besuch im Secondhandladen oder auf dem Flohmarkt.

Plastikmüll ist aber nicht nur sichtbar in Form von Tüten, Zahnbürsten, Plastikflaschen, Strohhalmen oder Flip Flops, die in Massen an Flussufern oder Meeresstränden angeschwemmt werden, vielfach achtlos weggeworfen. Die Gefahr, die von Plastikmüll ausgeht, lauert auch in unsichtbarer Gestalt, in Form von Mikroplastik. Hierbei handelt es sich um kleine Kunststoffteilchen, die mit bloßem Auge nicht zu erkennen sind, da sie meist kaum mehr als fünf Mikrometer messen.

Mikroplastik entsteht u. a., wenn sich größere Plastikteile zersetzen und durch Wind und Flüsse wiederum in die Meere gelangen. Die weiten Ozeane müssen für vieles herhalten, ein besonders schlimmes Beispiel hierfür war die Mülldeponie in Sidon (Libanon). Als eine der größten Mülldeponien des Landes sorgte der gigantische Müllberg direkt an der Küste über Jahrzehnte für eine erhebliche Verschmutzung des Mittelmeers. Nach einer Studie für das Umweltbundesamt (UBA) landen jährlich unglaubliche 30 Millionen Tonnen Plastik weltweit in den Meeren, in Europa allein bis zu 5,7 Millionen Tonnen. Ein Teil davon lagert sich auf dem Meeresboden oder auf dem Grund von Binnengewässern ab, der Rest schwebt durch die Gewässer und richtet dabei verheerende Schäden an. Fische schnappen nach etwas Essbarem, und wenn sie die Wahl haben zwischen Plankton oder Kunststoff, entscheiden sie sich meist für Letzteres. Warum? Forscher gehen davon aus, dass es damit zusammenhängt, dass sich nach dem Fressen von Plastik ein schnelleres Sättigungsgefühl einstellt, und schon haben sie diese mikroskopisch kleinen Teilchen in ihrem Körper – auf diesem Weg gelangen sie auch in unsere Nahrungskette, nämlich dann, wenn wir den Meeresfisch verspeisen. Aber auch große Plastikteile werden von ihnen gefressen. So verwechseln Meeresschildkröten Plastiktüten mit Quallen, und Seevögel fressen Feuerzeuge, kleines Plastikspielzeug, sogar Zahnbüsten fand man bei Obduktionen. Das unverdauliche Material verstopft den Magen-Darm-Takt oder führt zu inneren Verletzungen – der Tod ist meist unausweichlich. So sterben jährlich rund eine Million Seevögel und ungefähr 100 000 Seetiere auf brutale Weise.

Was weiterhin gefährlich ist für die betroffenen Tiere, aber letztlich auch für uns Menschen: Beim Zersetzungsprozess von Plastik werden die darin enthaltenen Chemikalien wie etwa Bisphenol A (BPA), Phthalate oder Styrolverbindungen freigesetzt. BPA ist eine chemische Substanz mit hormonähnlicher Wirkung. Es setzt sich in den Meeresbewohnern fest, wo es Veränderungen im Hormonhaushalt sowie im Erbgut hervorrufen kann. So hat man beispielsweise bei verschiedenen Walarten bereits einen verstärkten Rückgang in der Fortpflanzung feststellen können.

Doch die Wirkung dieser Substanz trifft nicht nur die Tierwelt, sondern auch uns Menschen: Mehrere Studien legen nahe, dass BPA eine gesundheitsschädliche Wirkung hat und vermehrt zu Unfruchtbarkeit führt. Zudem wiesen Forscher der University von Cincinnati nach, dass Bisphenol A schon in einer äußerst geringen Menge die Hirnentwicklung beeinflusst. Wird die Chemikalie über die Nahrung aufgenommen, blockiert sie die Aktivität eines körpereigenen Östrogenhormons, mit dessen Hilfe bestimmte Regionen des Gehirns ausgebildet werden. Auch steht BPA im Verdacht, Fettsucht und Diabetes, Asthma und Allergien zu begünstigen.

Zwar sind viele Weichmacher seit einiger Zeit nicht mehr zugelassen, aber Urinproben zufolge finden sie sich noch immer in jedem Menschen. Kein Wunder, denn auch ältere Plastikgegenstände wie Lichtschalter, Kabelverkleidungen oder Duschvorhänge sondern Weichmacher ab, und die Substanzen werden häufig mit kaum weniger schädlichen Alternativen wie zum Beispiel Bisphenol S. ersetzt.

Mikroplastik hat viele unangenehme Eigenschaften, unter anderem die, Umweltgifte, die im Meerwasser aufgelöst wurden, geradezu magisch anzuziehen. Zu den oben genannten Giften zählen zum Beispiel das Insektizid DDT oder PCBs, Polychlorierte Biphenyle. Für Muscheln oder Korallen, die wie Filter reagieren, kann eine solch giftige Mahlzeit tödlich enden. Wie schnell eine Mahlzeit eine Henkersmahlzeit sein kann, wird deutlich, wenn man sich einen Bericht des UN-Umweltprogramms (UNEP) anschaut.

Schätzungen zufolge sollen auf jedem Quadratkilometer Wasseroberfläche bis zu 18 000 Plastikteile herumschwimmen. In der Donau oder im Rhein, in denen es noch vor etlichen Jahren vor Fischen wimmelte, kann man also mehr Plastikpartikel als Wasserlebewesen finden!

NEIN SAGEN

Dinge abzulehnen spielt bei der Umstellung auf Zero Waste, aber auch allgemein im müllfreien Alltag eine wichtige Rolle und kostet auch immer wieder Überwindung. Nicht, weil man nicht von der eigenen Sache überzeugt ist, sondern weil man nicht unhöflich wirken möchte. Die nette Kellnerin legt eine verpackte Schokobohne neben den Cappuccino oder bringt nachträglich noch einen Plastikstrohhalm fürs Kind, weil sie dachte, der wurde vergessen, Bekannte bedanken sich mit verpackten Pralinen für eine Leihgabe oder oder ... Dann kommt das unvermeidliche »Nein, danke«, und plötzlich wirkt die nette Frau gekränkt, der Bekannte verärgert, und man selbst hat ein schlechtes Gewissen. Doch das sollten und müssen wir nicht haben. Wie auch in allen anderen Bereichen empfehlen wir, in sich zu gehen, um für sich selbst zu klären, wie man mit solchen Themen umgehen möchte. In der Regel akzeptiert das persönliche Umfeld die meisten Veränderungen und stellt sich darauf ein. Die Ausnahmen bilden eben die Ausnahme.

Wichtig für uns ist es, locker zu bleiben und sich selbst nicht zu ernst zu nehmen. Wenn Freunde, die bei uns zu Besuch waren, Plastikflaschen stehen lassen, freuen wir uns darüber zwar nicht im Übermaß, aber dann ist es eben so. Viel wichtiger für uns ist, dass wir diese Kaufentscheidung nicht getroffen haben. Jeder muss selbst entscheiden, wie es für ihn selbst richtig ist.

Als wir unseren Haushalt durchforsteten, waren wir von der Vielzahl unserer Plastikgegenstände überrascht. Da waren Haargummis, CD-Hüllen, Brotzeitdosen, das Naturkosmetik-Shampoo mit dem feinen Duft, Kugelschreiber, die Tastatur des Laptops, Ladekabel, der Duschvorhang und noch vieles mehr. Bei genauerer Betrachtung stellten wir fest, dass wir von Plastik umgeben waren. Wenn wir morgens in unsere Laufschuhe schlüpften oder Geschirrspül-mittel in die Spülschüssel gaben. Bei der Autofahrt ins Grüne oder abends beim Zähneputzen. Sogar beim Vorlesen der Gute-Nacht-Geschichte kam man nicht daran vorbei, da ein Großteil der Kinderbücher plastikfoliert ist.

Wie alle anderen auch hatten wir gelernt, alles ordentlich zu trennen: Glas, Kompost, Altpapier, Kunststoffe. Doch im Zuge unserer Umstellung began-nen wir, sämtliche Verpackungen auf ihre Nachhaltigkeit hin zu hinterfra-gen. Wie war das eigentlich bei Saftkartons? Auf der Milchtüte wird dem Käufer versichert, dass bis zu 70 Prozent der Verpackung recycelt werden. Aber stimmt das auch wirklich? Kann man aus alten Kartons neue machen, und woraus sind die eigentlich?

HIER EIN PAAR FAKTEN ZUM SAFTKARTON:

> Im Regelfall handelt es sich um einen Verbund aus verschiedenen Lagen von Karton, Polyethylen und Aluminium. Diese Schichten sind fest miteinander verpresst.
> Im Recyclingprozess werden diese Lagen voneinander getrennt bzw. wird alles zusammen klein gehäckselt, eingeweicht und an-schließend separiert.
> Aus dem Karton werden anderweitige Papierartikel wie z.B. Toilet-tenpapier.
> Polyethylen und Aluminium werden als Verbundmaterial zur Her-stellung neuer Gegenstände wie z.B. Dachelementen oder auch zur Zementherstellung verwendet. Es handelt sich also weniger um Recycling, sondern vielmehr um *Downcycling*.

Zum Glück hatten wir bereits vor unserer Umstellung nur noch selten Tet-ra-Paks gekauft und waren bei Milch, Sahne und Joghurt schon auf Mehr-wegsysteme wie Glas umgestiegen, da wir das Risiko von Weichmachern in Saftkartons und Milchtüten umgehen wollten.

RECYCLING

R ecycling ist entgegen der landläufigen Meinung keineswegs die ultimative Lösung unseres Müllproblems, sondern eher eine Verlagerung. Nur wenige Stoffe sind tatsächlich über einen längeren Kreislauf hinweg recycelbar, zudem ist der Energieaufwand, der dabei betrieben werden muss, nicht zu unterschätzen:

ALTKLEIDER

Kleidung zu recyceln, ist schwer und aufwendig. In Deutschland fallen pro Jahr 750 000 Tonnen Altkleider an. Das ist unglaublich viel. Die Annahme, dass Kleidung, die man in eine Altkleidertonne gibt, automatisch an Bedürftige weitergegeben wird, ist nicht immer korrekt. Ein Großteil der Kleidung wird verkauft – und das zu stattlichen Preisen. Mit einem Teil davon wird Handel betrieben, die Kleidung wird exportiert, zum Beispiel nach Afrika, wo sie, verschifft in großen Containern, auf die Märkte von Nairobi und Kampala gelangt (insgesamt soll der Wert der gebrauchten Kleidung bei über einer Milliarde US-Dollar liegen). Mancherorts sorgt das für große Probleme, denn die Menschen kaufen eher die Kleidung aus den Industrienationen, als die einheimische Textilindustrie zu unterstützen. Der Teil, der bei uns tatsächlich recycelt wird, erfährt ein zweites Leben hauptsächlich als Putzlappen oder Dämmmaterial.

WAS WIR TUN KÖNNEN

> Anstatt *Fast Fashion* zu kaufen, die unter menschenunwürdigen Bedingungen in Bangladesch, Kambodscha oder China produziert wurde, lieber auf Secondhandkleidung oder lokal produzierte Kleidung ausweichen.
> Kleiderlabels unterstützen, die lange Garantiezeiten und Reparaturen für ihre Produkte anbieten.

> Auf nachhaltige, ökologische und faire Modelabels achten, die Verantwortung für ihre Mitarbeiter und ihre Produkte übernehmen. Diese Marken verwenden ökologische Rohstoffe wie Bioleinen, Kork, Algen oder *Recycling-/Upcycling*-Materialien. Beim Färben achten sie auf umweltverträglichere Farben.
> Sich eine zeitlose Garderobe zusammenstellen, die häufiges Neukaufen reduziert.
> Reparieren statt wegschmeißen (siehe dazu S. 152). Es gibt viele Tricks, mit denen man das Leben der eigenen Kleidung verlängern kann.

PET-FLASCHEN UND KUNSTSTOFFE

Die meisten Kunststoffe bestehen aus viel zu vielen verschiedenen Komponenten, um sie wiederverwerten zu können. Deshalb müssen sie über den sogenannten Restmüll entsorgt werden. Anders die PET-Flasche (Polyethylenterephthalat), die es neben der Einwegflasche auch als PET-Mehrwegflasche gibt und die immerhin bis zu 20-mal befüllt werden kann, bevor sie dem Recyclingkreislauf zugeführt wird. Doch nur ein Bruchteil der Flaschen kann tatsächlich zu neuen Trinkflaschen recycelt werden, der Rest, der nicht mehr die ursprüngliche Qualität erreicht, erlebt ein *Downcycling*, was bedeutet, dass er zu Teppichen, Folien oder Fließjacken verarbeitet oder thermisch weiterverwendet wird. Mit anderen Worten: Er endet in der Müllverbrennungsanlage oder in Heizkraftwerken als Feuerungsmittel.

Bei näherer Betrachtung ist jedoch auch die Wiederverwertung von PET-Flaschen kritisch zu betrachten. Aus PET können Polyesterfasern für die Textilproduktion gewonnen werden. Weltmarktführer auf diesem Gebiet ist China, weshalb Millionen Tonnen von PET-Abfällen nach China exportiert werden. Dort werden dann aus ihnen Produkte wie Fleecejacken, T-Shirts, Kleider, Kuscheltiere, Folien und vieles mehr hergestellt.

Nach der Produktion werden diese Dinge zurück nach Deutschland oder einem anderen Industrieland exportiert, wo sie zu günstigen Preisen verkauft werden, um am Ende unserer Gesundheit und dem hiesigen Wasser zu schaden, ganz zu schweigen von dem Schaden, den die Chemikalien im Produktionsland verursachen. Aus einer Fleecejacke lösen sich pro Waschgang über 2000 Kunststofffasern, diese sind so fein, dass sie von den Sieben in Waschmaschinen und Kläranlagen nicht aufgefangen werden können. Aus diesem Grund landen sie über kurz oder lang in unseren Gewässern und schließlich im Meer.

WAS WIR TUN KÖNNEN

> Auf Plastikflaschen – egal ob Ein- oder Mehrwegflaschen – verzichten und zu Mehrwegflaschen aus Glas oder Edelstahl greifen. Es besteht auch die Möglichkeit, dass Getränke in Plastikflaschen mit Schadstoffen und Weichmachern belastet sind. Wir tun also nicht nur unserer Gesundheit damit einen Gefallen, sondern reduzieren gleichzeitig die Nachfrage nach Plastikflaschen. Wir leben in einer verbraucherorientierten Gesellschaft, und wenn wir als Verbraucher entscheiden, dass wir etwas nicht mehr konsumieren wollen, kann das ein nicht zu unterschätzender Denkanstoß sein. Und mal ehrlich, wenn man sich so einen stinkenden Klumpen Erdöl ansieht, möchte man den wirklich in der Nähe seiner Getränke haben?

> Bonus Ersparnis: Flaschenwasser ist um ein Vielfaches teurer als Leitungswasser – und das, obwohl die Qualität des Leitungswassers in vielen Fällen höher ist als die des abgefüllten Wassers. Für Wasser aus der Leitung gelten sehr strenge Prüfkriterien.

> Auch die weiten Strecken, die das Wasser zurücklegt, bis es in die Läden gelangt, sind alles andere als CO_2-schonend. Tipp: die App www.trinkwasser-unterwegs.de. Hier wird angezeigt, wo sich der nächste Trinkwasserbrunnen befindet.

> Alternativen zu Fleecejacken & Co.: Es gibt tolle Fleecejacken aus Baumwollfleece, und für den Winter sind Wollwalkjacken ideale Begleiter. Wolle wärmt nicht nur hervorragend, sondern ist gleichzeitig luftdurchlässig und leicht wasserabweisend. Das heißt natürlich nicht, dass man damit durch Starkregen spazieren kann, ohne nass zu werden, aber einen Spaziergang durch den Schnee hält sie allemal aus. Besonders unsere Kinder lieben dieses Material, denn anders als in den Kunststoffjacken fangen sie in Naturfasern weniger schnell zu schwitzen an. Am besten kleidet man sich selbst und die Kinder nach dem Zwiebelprinzip, so kann man einzelne Schichten ablegen oder wieder anziehen, wenn einem zu warm oder kalt wird. Gerade für Kinder findet man Kleidungsstücke aus Wollwalk oft auf dem Flohmarkt oder in Kleinanzeigen.

DIE ZWEI SEITEN VON PAPIER

Eigentlich ein wahrlich recyclingfähiger Werkstoff. Die Vorteile liegen auf der Hand: Kann neues Papier aus altem hergestellt werden, müssen weniger Bäume dafür abgeholzt werden. Im Recyclingprozess muss Papier zwar immer ein kleiner Anteil an Frischfasern zugefügt werden, aber der Wasser- und Energieaufwand ist in der Regel dennoch geringer als die Produktion von Papier aus Frischholzfasern.

In unserem müllfreien Alltag meiden wir dennoch nicht nur Verpackungen aus Kunststoff, sondern auch jene aus Papier. An dieser Stelle könnte man sicher fragen, warum wir auch versuchen, kein Papier zu verwenden, da es sich ja hierbei um einen natürlichen Rohstoff handelt. Gleichzeitig zählt Holz auch zu einer unserer wertvollsten Ressourcen. Wälder tragen zur Senkung des CO_2-Levels bei, zum maßgeblichen Schutz von Boden, Umwelt und Biodiversität – und nicht zu vergessen: zu unserer Erholung! Aus all diesen Gründen sollten wir achtsam damit umgehen.

Wie steht es eigentlich um unseren Papierverbrauch? Nach den USA, China und Japan stehen wir an vierter Stelle. Pro Person beläuft sich die Menge auf 236 Kilogramm pro Jahr. Der Gesamtverbrauch der Bundesrepublik liegt bei 19 Millionen Tonnen, wovon 7,7 Tonnen für Verpackungen benutzt werden. Mit einem veränderten Einkaufsverhalten können wir eine ganze Menge einsparen, denn weltweit landet jeder fünfte abgeholzte Baum in der Papierproduktion.

Von den in Deutschland verarbeiteten Primärfasern (Zellstoff, dem Ausgangsmaterial von Papier) stammen rund 80 Prozent aus Importen. Zu den wichtigsten Lieferanten zählen Finnland und Schweden, die zum Teil jedoch selbst Holz aus Russland einführen (ein irrsinniger ökonomischer Kreislauf). Rund 18 Prozent des in Deutschland verbrauchten Zellstoffs werden aus Brasilien und Indonesien importiert. Diese Zahlen decken sich mit einer Einschätzung des Worldwatch Institute, einer unabhängigen, in Washington gegründeten Einrichtung, die sich auf Themen wie Nachhaltigkeit und umweltverträgliche Technologien konzentriert hat. Laut Informationen dieses Instituts stammen 17 Prozent des zur Herstellung von Papier verwendeten Holzes aus Urwäldern. In Brasilien und Indonesien schwindet der Urwaldbestand folglich in einem dramatischen Ausmaß. Die großen Baumplantagen sind zumeist Monokulturen, die den Boden schnell auslaugen, einher geht diese eindimensionale Forstwirtschaft mit einem verstärkten Einsatz von Pestiziden und Düngemitteln.

Holz ist also kein schnell nachwachsender Rohstoff. Für den Anbau werden, wie gesagt, Chemikalien eingesetzt, und Energie- und Wasserverbrauch schneiden auch nicht gerade gut ab. Das Bundesministerium für Umwelt hat folgende Fakten zusammengefasst:

> Die Herstellung von 100 Kilogramm Papier aus Holz setzt 110 Kilogramm CO_2 frei und benötigt 300 Kilogramm Holz, 5000 Liter Wasser und 1000 Kilowattstunden Energie.

> Die Herstellung von 100 Kilogramm Recyclingpapier hingegen setzt 90 Kilogramm CO_2 frei, braucht 110 Kilogramm Altpapier, 2000 Liter Wasser und 400 Kilowattstunden Energie.

WAS WIR TUN KÖNNEN

Wir möchten unsere Wälder so lange wie möglich erhalten, um unser Ökosystem zu schützen, deshalb kommen hier ein paar Lösungsansätze, um den eigenen Papierverbrauch zu reduzieren:

> Wenn es nötig wird, Papier neu zu kaufen, darauf achten, dass es sich um hundertprozentiges Recyclingpapier handelt.
> Hefte und Schnellhefter aus dem Vorjahr (Schule) wiederverwenden. Gleiches gilt für Heft- und Buchumschläge aus Papier.
> Produkten, die mittels Direktrecycling hergestellt werden, den Vorzug geben. Beim Direktrecycling werden Materialien unmittelbar wiederverwendet, also ohne industrielle Verarbeitung. So gibt es beispielsweise Briefkuverts, die aus alten Straßenkarten gemacht werden, aber auch Notizbücher und vieles mehr.
> Auf Einwegprodukte aus Papier verzichten. Von der Papierserviette bis zum Pappteller gibt es viele Artikel, die man gut durch Mehrwegartikel ersetzen kann. Für Partys zum Beispiel kann man Besteck und Geschirr leihen.
> Flyer abfotografieren oder die wichtigsten Infos kurz notieren, anstatt sie kurz nach dem Mitnehmen wieder zu entsorgen.
> Brot und Backwaren mit einem Brotbeutel aus Leinen oder Baumwolle kaufen.
> Werbung per Post abbestellen. Entweder indem man die Firmen direkt kontaktiert oder zum Beispiel die Robinsonliste nutzt. Das ist eine Schutzliste, in die man sich eintragen kann, wenn man keine Werbung erhalten will (siehe www.robinsonliste.de).

> Geschenke in Stoff verpacken und Geschenkpapier, wenn vorhanden, wiederverwenden.
> E-Mails und Dokumente nur ausdrucken, wenn es wirklich nötig ist. Stichwort: Paperless Office.
> Wenn es doch mal zu Fehlausdrucken kommt, kann man diese als Schmier- oder Malpapier für die Kinder benutzen.
> Bei Druckereien anfragen, was mit den Papierresten gemacht wird. Oft kann man sie günstig erwerben, auch Kopierläden verkaufen gelegentlich Papierreste.
> Auf dem Flohmarkt nach Papier Ausschau halten.
> Bücher und Zeitschriften gebraucht kaufen oder in der Bibliothek ausleihen.
> Zeitung mit Nachbarn teilen oder Online lesen.

WARUM HABEN WIR DANN KEIN E-BOOK HERAUSGEBRACHT?

Diese Frage könnte man sich in diesem Moment stellen – und das vollkommen zu Recht. Wir lesen gern aus echten Büchern, und der Gedanke, mit einem Tablet auf dem Sofa zu sitzen, widerstrebt uns, denn hierbei fehlt etwas – mal ganz abgesehen von den Rohstoffen, die benötigt werden, um ein Tablet zu produzieren, plus die Energie, die verbraucht wird, um es zu betreiben.

Aufgrund ihrer Langlebigkeit stufen wir Bücher nicht in die Kategorie Müll ein (zumindest einen Großteil davon nicht). Es gibt Bücher, die begleiten uns ein Leben lang, man kann sie immer wieder lesen. Oder man verleiht, verschenkt oder spendet sie. Mit unseren Kindern lesen wir zu 70 Prozent aus unseren alten Kinderbüchern, und es ist so schön, viele dieser Kindheitserinnerungen mit ihnen ein weiteres Mal zu erleben.

Wir hoffen, dass auch unser Buch ein langes Leben haben wird, und möchten an dieser Stelle darauf hinweisen, dass es auf 100 Prozent Recyclingpapier gedruckt wurde und nicht plastikfoliert ist.

GLAS

Dieses Material ist ein weiterer Recyclingchampion, denn Glas kann zu 100 Prozent recycelt werden. Hier lohnt es sich, den Werkstoff entsprechend der Farbe zu sortieren. Trotz der großen Recyclingfähigkeit geht der Prozess aber auch mit einem hohen Energieverbrauch einher, weswegen es immer besser ist, zu versuchen, weniger Einweg- und mehr Mehrwegglas zu verwenden.

Mit Mehrwegglas meinen wir nicht nur Gläser und Flaschen, die Teil des offiziellen Mehrwegsystems sind, sondern auch Behälter, die man selbst mehrfach verwenden kann. Der absolute Klassiker ist hierbei das Weck- beziehungsweise Einmachglas. Auch der Deckel besteht aus Glas und kann daher problemlos gereinigt und beinah ewig weiterverwendet werden. Im Haus meiner Großeltern habe ich einen Karton mit Weckgläsern entdeckt (verschiedene Marken), die teilweise mit Etiketten von 1921 versehen waren! Wenn das mal nicht langlebig ist.

WAS WIR TUN KÖNNEN

> Einweggläser wiederverwenden z. B. zum Einkaufen von losen Lebensmitteln und deren anschließender Aufbewahrung.
> Mehrwegprodukten den Vorzug geben. Milch, Joghurt und Sahne gibt es im Mehrwegglas, aber auch Milchalternativen wie beispielsweise Sojamilch gibt es teilweise schon im Glas zu kaufen.
> Gläser zum Hersteller zurückbringen. Gerade kleinere Produzenten freuen sich, wenn man ihnen die Gläser zurückbringt, damit sie diese erneut verwenden können.

DER ERSTE ZERO-WASTE-EINKAUF

Da wir noch dabei waren, vorhandene Lebensmittel wie Reis und Nudeln aufzubrauchen, kauften wir vorerst nur frische Lebensmittel. Hierzu zählten in unserem Fall neben Obst und Gemüse auch Käse, Butter und Brot. Vorbereitend für den verpackungsfreien Einkauf hatte ich viele verschiedene Säckchen aus alter Bettwäsche genäht, man könnte aber auch Geschirrtücher, T-Shirts, Hemden oder andere Stoffreste dafür verwenden. Hemdsärmel eignen sich z.B. ganz hervorragend und man spart sich gleich zwei Nähte. Da man für Brot einen größeren Sack als für Nüsse benötigt, empfehlen wir, einfach verschiedene Größen anzufertigen.

Mein Einkaufskorb enthielt also meine selbst genähten Säckchen, ein paar Schraubgläser und zwei Brotzeitdosen für Käse. Voll motiviert machte ich mich auf den Weg zum Einkaufen. Station 1: die Brottheke. Meine Bitte, mir das Brot gleich über die Theke zu reichen, damit ich es in meinen Brotbeutel packen kann, wurde von der Fachverkäuferin gelobt. Ich freute mich und setzte meinen Einkauf beschwingt fort. Von Hindernissen und schwierigen Fragen seitens des Personals (in einigen Blogs hatte ich davon gelesen) war also bisher keine Spur.

Station 2: die Käsetheke. Hier erwartete ich sowieso keine Hürden, da ich als langjährige Kundin teilweise schon per Du mit den Verkäufern war. Ich traf meine Wahl und stellte meine Dose auf die Theke, der Verkäufer indes ignorierte meine Geste und fuhr damit fort, den Käse auf das dafür vorgesehene Papier zu legen. Ich musste also etwas sagen, und zu meinem großen Erstaunen erhielt ich eine glatte Absage. Aus Hygienegründen würden sie mir die Produkte nicht in meine mitgebrachten Gefäße packen.

Aber wir leben doch jetzt müllfrei, das geht doch nicht! Es kostete mich viel Überwindung, und dennoch war die Überzeugung stärker: »In diesem Fall«, antwortete ich, »kann ich die Ware leider nicht mitnehmen.« Puh, mit dem unangenehmen Gefühl, vorerst als Freak abgestempelt zu sein, verließ ich das Geschäft mit einem Laib Brot, etwas Obst und Gemüse und einigen leeren Behältnissen in meinem Korb.

DIY-STOFFBEUTEL

DAFÜR BRAUCHST DU:

> 2 Stoffreste, aus denen sich zweimal 26 cm × 26 cm schneiden las-
sen. Die Säckchen kann man je nach Bedarf in allen Größen, Farben
und Formen nähen.
> 1 Kordel, Band oder Schnur ca. 70 cm lang.

SO GEHT'S:

> Für die Nähte mit einer Nahtzugabe von 0,7 cm arbeiten. Damit die
Kanten nicht ausfransen, einmal ringsum mit Zick-Zack-Stich ein-
fassen.
> Dann die erste Naht (seitlich und unten) schließen. Danach wird der
Tunnelzug entlang der Längskante oben genäht.
> Hierfür kann man verschiedene Methoden anwenden, die einfachs-
te ist, die Längskante einmal umzusteppen, 1,2 cm umschlagen und
schmalkantig niedersteppen.
> Jetzt wird die letzte Längsnaht geschlossen. Man näht jedoch nur
bis zur Unterkante des Tunnelzugs und verriegelt anschließend die
Naht. Mit einer Sicherheitsnadel die Kordel einfädeln. Fertig.

Zu Hause angekommen, erzählte ich Carlo von meinem Erlebnis. Würde das jetzt immer so sein? Im konventionellen Supermarkt hätte ich mit so einer Antwort gerechnet, aber im Bioladen? Ging es hier nicht genau darum, die Umwelt zu schonen? Wie konnten wir beim Einkauf überzeugen und unsere Wünsche umsetzen lassen? Die Antwort lag auf der Hand, wir mussten uns mit unseren Rechten vertraut machen.

Was ist erlaubt und was nicht?

Das Fazit: Es ist tatsächlich nicht erlaubt, das Kundenbehältnis hinter die Theke zu nehmen, aber es spricht nichts dagegen, das eigene Gefäß auf die Theke zu stellen. Das Verkaufspersonal muss den mitgebrachten Behälter nicht einmal berühren. Perfekt.

Zwei Tage später machte ich mich siegessicher wieder auf den Weg. Diesmal begann ich meine Einkaufsrunde gleich an der Käsetheke. Nachdem ich mein neu erworbenes Wissen stolz mit dem skeptisch dreinblickenden Personal geteilt hatte, holte ich meine Dose aus dem Korb, nur um erneut eine Absage zu erhalten. Der Laden hätte seinen eigenen Regeln, und diese untersagten es, das selbst mitgebrachte Gefäße zum Einkauf von Käse und Wurst gestattet seien. Ich verabschiedete mich und verließ einigermaßen desillusioniert das Geschäft. Diesmal blieb mein Korb leer. Natürlich konnte ich mich nicht geschlagen geben. Wer wahrlich überzeugt ist, akzeptiert kein Nein, sagten wir uns, und so machten wir weiter und suchten uns neue Orte zum Einkaufen.

Im nächsten Bioladen beschloss ich, eine neue Strategie anzuwenden. Anstatt das Personal mit Fragen zu verwirren, bestellte ich und stellte meine Dose auf den Tresen. Ich musste mir auf die Zunge beißen, um nicht »juhu« zu rufen, als die Verkäuferin auf mein Behältnis zeigte und nur fragte »hier rein?« Es funktionierte also, und zwar sogar relativ reibungslos. Mit der Zeit fanden wir an vielen verschiedenen Orten Möglichkeiten, unseren Einkauf

»unverpackt« zu absolvieren. Verschiedene Wochenmärkte, Bioläden und Fachgeschäfte wurden zu neuen Anlaufstellen.

Die Reaktionen auf unser neues Einkaufsverhalten waren bunt gemischt, vom Lobpreis auf so viel Engagement bis hin zum Kopfschütteln und gemurmelten »a jeder spinnt anders« war alles dabei. Wir ließen uns nicht abschrecken und blieben standhaft, gebrannte Mandeln auf der Dult kamen ins Schraubglas, und für den vegetarischen Döner zum Mitnehmen hatten wir unsere Lunchbox dabei.

Einkaufen und auswärts essen, das hatten wir jetzt im Griff. Viele Dinge, die vorher so selbstverständlich gewesen waren, gab es plötzlich nicht mehr. Unser Umfeld gewöhnte sich trotz anfänglicher Skepsis recht schnell an unsere neuen Methoden, auch wenn der ein oder andere keinen Hehl daraus machte, dass er das Ganze für eine vorübergehende Phase hielt.

TIPP

ZERO-WASTE-EINKAUFSSET: Korb, Tasche, Schraubgläser, Brotzeitdosen, Baumwollsäckchen. Am besten immer fertig gepackt in die Nähe der Haustüre hängen.

DEN EINKAUF PLANEN

Der Zero-Waste-Einkauf erfordert etwas mehr Planung. Dies kann zu Beginn eine Umstellung der bisherigen Gewohnheiten bedeuten. Der gute alte Einkaufszettel hilft dabei enorm. Das Planen der Woche (kochtechnisch) kennt unsereins kaum mehr, da der spontane Besuch im Supermarkt um die Ecke zur Gewohnheit geworden ist. Dabei hat der geplante Einkauf viele positive Nebenaspekte:

1. Man kauft nur das, was man wirklich braucht. Das verhindert, dass überflüssig gekaufte Lebensmittel in der Mülltonne landen. Hierzulande liegt der Anteil der Lebensmittel, die im Müll landen, bei 82 kg pro Person. Das ist eine stattliche Zahl, wenn man bedenkt, dass 795 Millionen Menschen weltweit Hunger leiden.

2. Ein zielstrebiger Gang durch den Laden sorgt dafür, dass man sich auf das Wesentliche (in diesem Fall den Einkaufszettel) konzentriert. Das verhindert wiederum, dass man sich von verlockenden, aber meist unnötigen Angeboten und Sonderaktionen verführen lässt, und schont somit auch den Geldbeutel.

3. Es spart Zeit. Wenn man sich erst im Supermarkt überlegt, was man heute kochen könnte, braucht man sehr viel länger für den Einkauf. Diese kann man nach einem geplanten Einkauf dafür verwenden, in Ruhe etwas Schönes zu kochen oder einfach einen Kaffee in der Sonne zu genießen.

TIPP

Der Einkaufszettel kann, um Papier zu sparen, auch auf dem Smartphone geschrieben werden. Wer ein solches nicht besitzt, könnte auch ein Stückchen Altpapier dafür verwenden. Wir haben für diesen Zweck immer ein paar Papierstreifen an unserem Kühlschrank hängen. Dann kann man gleich aufschreiben, wenn einem auffällt, dass etwas ausgegangen ist.

Eine andere Möglichkeit ist es, eine Vorlage zu erstellen, auf der man immer ankreuzt, was man braucht.

ALTERNATIVE EINKAUFSBEHÄLTNISSE

Plastiktüte > Waschbare Stoffbeutel / Jutebeutel / Rucksack

Papiertüte > Waschbare Stoffbeutel / Dosen / Gemüsenetze

Folie und Papier > Eigene Gefäße, z. B. Brotzeitdosen

Plastikdose > Schraub- oder Bügelgläser (für Oliven vom Markt / oder an der Theke)

Brotzeitdosen > Tiffin/Henkelmann

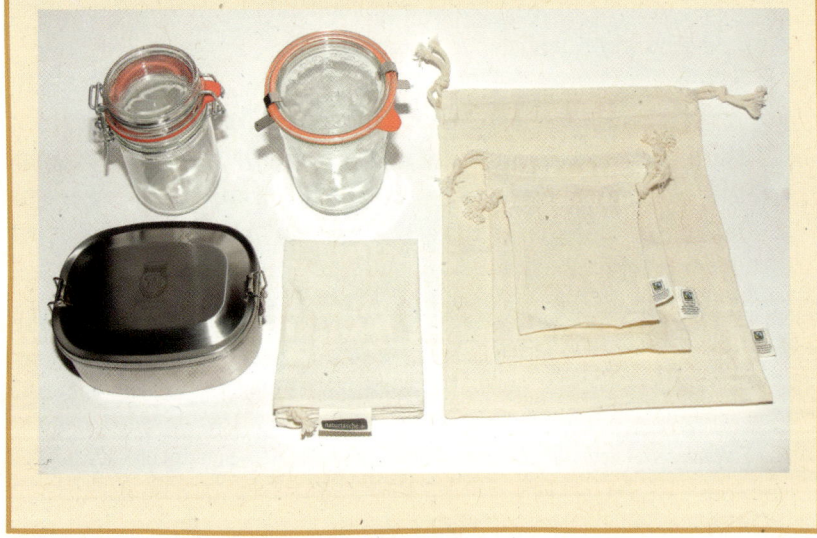

Mit der Zeit fanden wir an vielen verschiedenen Orten Möglichkeiten, unseren Einkauf »unverpackt« zu absolvieren.

Milch, Saft und andere Getränke kauften wir nur noch in Mehrweglaschen. Zucker, Mehl und Salz kauften wir unverpackt, wenn wir die Gelegenheit dazu hatten. Wurden die Lebensmittel dringend benötigt und kamen wir nicht um die Verpackung herum, so achteten wir darauf, Papierverpackungen ohne Plastik zu wählen. Kamen wir an einem Hofladen vorbei, deckten

wir uns dort mit losem Mehl ein, welches wir uns in unsere selbst genähten Stoffbeutel füllen ließen. In manchen dieser Läden konnten wir auch
Reis, Haferflocken oder Getreide auf Vorrat kaufen.

ALTERNATIVEN ZUM SUPERMARKT

WOCHENMÄRKTE

Sie sind fantastische Orte für den müllfreien beziehungsweise müllarmen
Einkauf. Ein weiterer positiver Aspekt ist das Angebot an lokalen/regio-
nalen Lebensmitteln. Mit Kindern macht der Markteinkauf gleich doppelt
Spaß, sie lernen spielerisch, welches Gemüse und Obst wann wächst, und
nehmen die Düfte und Geschmäcker mit allen Sinnen wahr.

HOFLÄDEN

In ihnen kommt man häufig mit den Produzenten selbst ins Gespräch und erfährt viel über regionalen Anbau und Sorten, die einem möglicherweise neu sind. Kinder lernen, wo die Pastinaken gewachsen sind, und am Abend schmecken sie dann doppelt so gut.

UNVERPACKT-LÄDEN

Verpackungsfreie Läden bieten die Möglichkeit, müllfrei einzukaufen. Von Lebensmitteln bis hin zu nachhaltigen Produkten wie Bambuszahnbürsten und Co. findet man dort fast alles, was das Zero-Waste-Herz begehrt. Unter http://www.smarticular.net/verzeichnis findet ihr eine interaktive Karte mit allen Läden in Deutschland und den angrenzenden Ländern.

In der Regel ist es möglich seine eigenen Behälter mit in diese Läden zu bringen. Das Leergewicht der mitgebrachten Dosen und Beutel wird erfasst und am Ende des Einkaufs vom Gesamtgewicht abgezogen. Man kauft exakt die Menge, die man benötigt, und es entsteht kein Verpackungsmüll.

FACHGESCHÄFTE FÜR TEE UND GEWÜRZE

Eingeschränkt ist es hier möglich, mit den mitgebrachten Behältnissen einzukaufen. Fragen lohnt sich immer!

TIPP

Wenn wir etwas partout nicht plastikfrei oder unverpackt erstehen konnten, schrieben wir immer häufiger auch Hersteller an, um zu hinterfragen, weshalb sie sich für bestimmte Verpackungsformen entschieden haben. Nicht immer erhielten wir eine Antwort, ehrlich gesagt: so gut wie nie. Aber wenn man es nicht versucht, wenn jeder denkt, es ist sinnlos, so etwas zu tun, dann erhalten Unternehmen auch keine Denkanstöße.

Die Reaktionen unserer Freunde auf unseren neuen Lebensstil waren bunt gemischt. Viele fragten interessiert nach, aber so richtig überzeugt wirkten die wenigsten. Am häufigsten hieß es: »Das ist uns neben der Arbeit zu stressig, da muss man zu viel selbst machen.« Oder: »Da bin ich dann ja in meinem Einkaufsverhalten eingeschränkt.«

Interessant aber war, dass wir mit der Zeit beobachten konnten, wie nach und nach Veränderungen in befreundeten Familien einkehrten. So wurde die Milch wieder in Glasflaschen eingekauft, und die Kinder tranken ihren Saft aus plastikfreien Trinkflaschen. Es stellte zwar keiner unserer Freunde seinen Alltag in einem ähnlichen Ausmaß auf dem Kopf wie wir, aber wir beobachteten viele kleine Veränderungen und freuten uns sehr darüber.

Unsere Eltern gehörten zur Fraktion der Skeptiker. Sie fanden die Idee toll, fragten aber sofort: »Wie soll das denn funktionieren?« Als wir ihnen erklärten, wie es klappen könnte, winkten sie ab: »Das macht ihr sicher nur vorübergehend. Das ist so eine von den Phasen im Leben, die wir alle schon durchgemacht haben.« Doch als die »Phase« nicht vorüberging und sie merkten, dass es uns ernst damit war, bemühten sie sich, uns entgegenzukommen.

Und so fanden wir trotz ein paar kleiner Startschwierigkeiten ziemlich schnell in unseren Zero-Waste-Alltag.

DIE ZERO-WASTE-KÜCHE

Interessant war die Erfahrung, dass viele Dinge, die vorher so selbstverständlich gewesen waren, plötzlich nicht mehr zu unserem Alltag gehörten. Cornflakes oder andere Cerealien zum Beispiel. Gerade die Cornflakes-Packungen sind riesig, und wenn man sie aufmacht, ist da im Verhältnis nur ein kleiner Beutel drin. Da ein gutes Frühstück eine wichtige Basis für den Tag ist, machen wir gern unser eigenes Granola-Müsli.

GRANOLA-MÜSLI

DAFÜR BRAUCHST DU:

> 1 Tasse Mandeln (austauschbar)
> ½ Tasse Haselnüsse (austauschbar)
> ½ Tasse Kürbiskerne (austauschbar)
> 1 Tasse Sonnenblumenkerne (austauschbar)
> ½ Tasse Leinsamen
> 2 ½ Tassen Haferflocken (oder Flocken deiner Wahl)
> 4 EL Kokosöl
> 4 EL Honig (Agavendicksaft oder Ahornsirup sind auch möglich)
> 3 TL Zimt
> 1–2 Tassen Rosinen, Cranberrys oder andere Trockenfrüchte deiner Wahl

SO GEHT'S:

> Die Nüsse hacken oder in einem Blender – eine Art Mixer – häckseln (wir mögen es, wenn auch gröbere Nussstücke darunter sind). Die Nüsse zusammen mit den Kürbis- und Sonnenblumenkernen, den Leinsamen und den Haferflocken in eine Schüssel gegeben. Kokosöl, Honig und Zimt in einen Topf geben. Die Masse

kurz auf niedriger Hitze zum Schmelzen bringen und anschließend über die trockenen Zutaten gießen. Gut durchmischen, damit sich der Kokos-Zimt Geschmack verteilt.

> Die Masse in eine Backform oder auf ein Backblech geben und
für 35 bis 40 Minuten bei 180 Grad backen. Alle 10 bis 15 Minuten
sollte die Mischung gewendet beziehungsweise durchgemischt
werden, damit sie schön knusprig wird. Aus dem Ofen nehmen
und abkühlen lassen. Dann die Trockenfrüchte hinzufügen und
in einem luftdichten Gefäß (Bügelglas) aufbewahren.

> Wir essen das Müsli je nach Geschmack mit Milch oder Joghurt.
Lecker ist auch, das Granola im Blender zu zermahlen und als
Mehlersatz für Frühstückspfannkuchen zu verwenden.

Weil wir Nudeln nur in einem Geschäft lose kaufen konnten, und das auch nur unregelmäßig, stellten wir unsere Pasta immer häufiger selbst her. Nach einiger Zeit wurde schon fast so etwas wie ein fester Termin daraus. Je nachdem, wie viel Zeit man zur Verfügung hat, kann man die frischen Nudeln entweder einfrieren oder trocknen lassen.

PASTA Á LA CARLO – FÜR VIER PERSONEN

DAFÜR BRAUCHST DU:

> 530 g Hartweizengrieß (ersatzweise Dinkelgrieß)
> 240 ml warmes Wasser
> 1 EL natives Olivenöl
> ½ TL Salz

Nudeln aus Hartweizengrieß oder Dinkelgrieß kleben beim Trocknen des Nudelteigs und beim späteren Kochen weniger, ein klarer Vorteil gegenüber einem Teig aus Weizenmehl.

SO GEHT'S:

> 2/3 vom Hartweizengrieß als Berg auf eine Arbeitsfläche geben und in die Mitte eine Mulde zu drücken.
> 1/3 vom Grieß sind in einer kleinen Schüssel separiert.
> Nach und nach ein wenig warmes Wasser in die Mulde geben und vom Rand des Bergs Grieß in die Vertiefung schieben.
> Die breiige Masse mit den Händen durchkneten, bis ein geschmeidiger Teig entsteht. Spätestens nach zehn Minuten sollte der Teig nicht mehr an den Händen anhaften und leicht trocken werden.

> Teig zu einer Kugel formen, diese in eine Schale legen und darüber ein leicht befeuchtetes Baumwolltuch oder Wachstuch legen.
> 30 Minuten bis 1 Stunde im Kühlschrank ruhen lassen.
> Teig ausrollen oder in Nudelmaschine weiterverarbeiten.
> Aus dem Teig lassen sich dann alle möglichen Nudelvariationen machen: Lasagne, Tortellini oder Bandnudeln ...
> Die Nudeln in kochendes Wasser geben, worin sie für 3–4 Minuten verbleiben, bis sie an der Wasseroberfläche schwimmen.

Auch Gnocchi kann man super selbst machen:

GNOCCHI Á LA CARLO

DAFÜR BRAUCHST DU:

> 1 kg Kartoffeln
> Etwa 100 g Mehl
> 1 Esslöffel Salz
> Muskatnuss, gerieben

SO GEHT'S:

> Pellkartoffeln kochen, bis sie gar sind.
> Möglichst heiß pellen (so wird wirklich nur die Schale entfernt).
> Die geschälten Kartoffeln dann mit der Gabel zerdrücken und nach Geschmack Salz und geriebene Muskatnuss hinzufügen.

> Löffelweise Mehl zugeben, bis der Teig beim Kneten nicht mehr an den Fingern kleben bleibt.

> Aus dem Teig fingerdicke Würste rollen und diese in ca. 1,5 cm große Scheiben schneiden. Auf einer mit Mehl bestäubten Fläche werden die Stücke zu Kugeln gerollt und anschließend mithilfe einer Gabel leicht angedrückt.

> Ins kochende Wasser geben. Sobald die Gnocchi gar sind, schwimmen sie an der Wasseroberfläche.

SELBST GEMACHTE SÜSSIGKEITEN

Als zu Beginn unserer Umstellung die Süßigkeiten rar wurden, gingen wir dazu über, unsere eigenen Süßigkeiten in Form von Keksen, Kuchen, Eis oder Karamellen selbst herzustellen.

Die Vorteile liegen auf der Hand: Wir bestimmen selbst, welche Lebensmittel wir zu uns nehmen, und besonders mit Blick auf den Zuckergehalt ist das nicht verkehrt. Die Kekse werden in einer Keksdose aufbewahrt und der Kuchen ganz klassisch in einer Kuchendose. So kann man einen ausreichenden Vorrat für die gesamte Woche anlegen und hat immer einen gesunden Snack zur Hand und Kleinigkeiten in petto, wenn Gäste kommen.

Wenn wir backen, versuchen wir weitestgehend, ohne Backpapier auszukommen, wir fetten lediglich Blech und Formen. Dennoch gibt es Fälle, in denen dies nicht genügt. Dann greifen wir zu kompostierbarem Papier, etwa ungebleichtem Pergamin. Dieses benutzen wir je nach Zustand auch mehrmals, danach wandert es in die Wurmbox (siehe S. 150).

Unsere Kinder lernen so spielerisch den Umgang mit Lebensmitteln und wissen, was man braucht, um bestimmte Gerichte zuzubereiten.

UNSERE LIEBLINGSKEKSE

DAFÜR BRAUCHST DU:

> 3 EL gehackte Nüsse (Walnüsse, Mandeln, Haselnüsse; es können aber auch Sonnenblumenkerne verwendet werden)

> 170 g weiche Butter

> 265 g Haferflocken

> 200 g Zucker (Rübenzucker ist eine schöne heimische Alternative zu Rohrohrzucker)

> 105 g Mehl (z. B. Dinkel- oder Emmermehl aus regionalem Anbau)

> ½ TL Natron

> ½ TL Salz

> ½ TL gemahlener Zimt

> 1 Ei

> Das Mark einer halben Vanilleschote oder eine gehäufte Messerspitze Vanillepulver (optional)

> 1 kleine Tasse Rosinen (Cranberrys, Sultaninen, gehackte Datteln oder Aprikosen sind ebenso möglich).

SO GEHT'S:

> Die trockenen Zutaten miteinander vermengen.

> Butter mit dem Ei und dem Mark der Vanilleschote aufschlagen (es genügt von Hand).

> Alles miteinander vermischen und die Kekse mithilfe eines Teelöffels auf dem Blech portionieren.

Backzeit: ca. 12–15 Minuten bei 180 Grad.

Ein beliebter Nachtisch ist bei uns Schokoladenpudding. Für dieses leckere Dessert benötigt man nur wenige Zutaten, und die Zubereitung ist im wahrsten Sinne des Wortes kinderleicht.

ZERO-WASTE-SCHOKOLADENPUDDING

DAFÜR BRAUCHST DU:

> 2 EL Stärke (wir verwenden Maisstärke)
> 550 ml Milch
> 3 EL Zucker
> Je nach Geschmack das Mark einer Vanilleschote
> 80 g geriebene Zartbitterschokolade (wir beziehen diese bereits geraspelt und unverpackt, dann geht es etwas schneller); alternativ kann auch Kakaopulver verwendet werden. Beides ist in gut sortierten Unverpackt-Supermärkten erhältlich.

> Die trockenen Zutaten mit etwas Milch glatt rühren (wegen der Schokoraspel geht das nur bedingt).
> Die Milch zum Kochen bringen, dann vom Herd nehmen, um das Gemisch unterzurühren.
> Alles zusammen kurz aufkochen und im Anschluss in Schälchen oder kleine Schraubgläser geben und abkühlen lassen.
> Voilà, fertig ist der Zero-Waste-Pudding!
> Im Glas kann man ihn am nächsten Tag auch mit in die Arbeit nehmen oder für ein Picknick einpacken.

RESTEVERWERTUNG

Das Kochen mit Resten macht uns immer wieder großen Spaß, was sicher auch mit dem Abwechslungsreichtum zu tun hat. Auf Webseiten wie zum Beispiel http://restegourmet.de kann man im Suchfeld eingeben, welche Zutaten man im Haus hat, und sich dann von verschiedenen Rezeptvorschlägen inspirieren lassen.

TIPP

Zwei Tipps zu alten Brötchen:

> Sie werden schnell wieder frisch, wenn man sie mit Wasser benetzt und im Ofen für 5–10 Minuten erneut aufbäckt.
> Sind Brot oder Brötchen bereits sehr hart: Boden eines Kochtopfs (Größe richtet sich nach dem Brotrest oder der Anzahl der Brötchen) mit circa 1 cm Wasser bedecken. Flaches Schälchen oder Suppenteller mit der Öffnung nach unten auf den Topfboden legen. Die Backwaren darauf platzieren, sie dürfen nicht mit dem Wasser in Berührung kommen. Deckel drauf und ab auf den Herd. Nach 5–10 Minuten hat man wieder leckeres Brot.

KÜCHENGERÄTE

Elektrische Geräte versuchen wir, in unserer Küche möglichst sparsam einzusetzen. Unsere Hände sind in den meisten Fällen ein ideales Werkzeug beim Backen und Kochen, sodass der Einsatz von Rührgeräten etc. häufig gar nicht nötig ist. Am häufigsten werden folgende plastikfreie Utensilien verwendet:

> Sparschäler
> Schneebesen
> Rouladenspieße
> Teigschaber
> Teigpinsel
> Pfannenwender
> Gemüsebürste zum Putzen

Da wir nur Biogemüse und -obst kaufen, ist es meist nicht nötig, dieses zu schälen, zumal viele der wichtigsten Nährstoffe direkt unter der Schale sitzen. Wir kaufen auch krummes Obst und Gemüse, also solches, das normalerweise gar nicht erst in den Handel gelangt, weil es nicht den etablierten Normen entspricht. Mittlerweile kann man jedoch einen langsam einsetzenden Gegentrend beobachten.

DIES UND DAS AUS DER KÜCHE

> Ein Wegwerfartikel in vielen Haushalten sind Zahnstocher. Sie werden nicht nur benutzt, um Zahnzwischenräume zu reinigen, sondern auch zum Aufspießen von Snacks oder Canapés. Rouladennadeln aus Edelstahl sind der perfekte Ersatz, nach der Benutzung können sie gespült und anschließend wiederverwendet werden.

> Wir verwenden losen Tee und gießen ihn in einem Teesieb aus Edelstahl auf, bei frischen Kräutern geht es auch ohne: Frische Minzeblätter mitsamt Stiel in die Kanne geben und mit heißem Wasser aufgießen – fertig!

> Besonders gern kochen wir mit dem Dampfgartopf. So kann man ein vielseitiges Gericht auf einer Platte kochen, spart Energie und sorgt zugleich für viele Nährstoffe, da Dämpfen die schonendste Zubereitungsart ist.

> Schöne Strohhalmalternativen sind wiederverwendbare Edelstahltrinkhalme oder kompostierbare Strohhalme aus Roggenstroh. Die sind zwar weniger bunt, aber das Trinkvergnügen leidet nicht darunter. Erstere nehmen wir immer mit, wenn wir mit den Kindern essen gehen oder uns Smoothies kaufen. Aber auch abends in der Bar kann der Trinkhalm praktisch sein.

> Selbst gemachte Smoothies eignen sich hervorragend zum Verwerten von reifem Gemüse oder überreifen Bananen, die auf diese Weise noch zu einem vitaminreichen Powergetränk werden.

> Eis am Stiel kann man wunderbar aus Saft, frischen Früchten oder Joghurt herstellen. Mittlerweile gibt es verschiedene Formen aus Edelstahl, bei denen ein Holzstäbchen als Stiel verwendet wird, wer will, kann aber auch einen Löffel nehmen.

> In Deutschland gibt es das Mehrwegsystem, und wir sollten es nutzen. Viele Produkte wie etwa Milch, Joghurt, Sahne oder Buttermilch werden im Pfandglas angeboten.

WENIGER MÜLL IN DER KÜCHE

Die Küche ist in vielen Familien einer der wichtigsten Aufenthaltsorte, hier wird gekocht, gebastelt und mit Freunden gequatscht. Außerdem ist sie einer der Orte, an denen der meiste Müll entsteht. Vieles lässt sich problemlos vermeiden, in dem man zu Alternativen greift. Die folgenden Vorschläge haben für uns gut funktioniert:

Küchenrolle

Als hervorragende Alternative eignen sich waschbare Stofflappen. Kostengünstig und effektiv sind Tücher aus alten Textilien, hierfür kann man Bettlaken, T-Shirts oder Kissenbezüge verwenden. Mit der Schere in Quadrate schneiden (mit etwas Übung kann man auch Quadrate aus dem Stoff reißen, das funktioniert vor allem bei Jerseystoffen sehr gut, da ein anschließendes Fadenziehen nicht mehr nötig ist) und dann in einem leeren Glas oder einem anderen Behältnis auf die Arbeitsfläche stellen.

Waschmittel

Wer einen verpackungsfreien Laden in der Nähe hat, kann sich dort in der Regel Waschmittel in beliebiger Menge abfüllen. Für die »Selbermacher« gibt es die kostengünstige Möglichkeit, sich sein Waschmittel aus einfachen Zutaten (Kernseife, Waschsoda, abgekochtes Wasser) selbst herzustellen. Das Waschsoda bekommt man zwar nur verpackt, aber bei Zero Waste geht es auch um das Vereinfachen, das »wissen wollen, was drin ist«. Wenn diese beiden Optionen nicht infrage kommen, gibt es auch die Möglichkeit, Waschpulver im Pappkarton zu kaufen.

WASCHMITTEL SELBST GEMACHT

DAFÜR BRAUCHST DU:

> ¼ geriebene Kernseife (das Seifenstück nach Augenmaß vierteln und dann auf der Küchenreibe reiben)
> Je nach Härte des Wassers 4–5 EL Waschsoda
> 1 l abgekochtes, noch warmes Wasser

SO GEHT'S:

> In einem Krug die geriebene Kernseife mit der Hälfte des abgekochten Wassers auflösen. (Wir geben die aufgelöste Seife in eine große Bügelflasche aus Glas.)
> Durch einen Trichter die 4–5 EL Waschsoda hinzufügen und das Ganze mit dem verbliebenen abgekochten Wasser auffüllen.
> Durch vorsichtiges Schütteln oder Schwenken der Flasche die Zutaten miteinander vermischen. Der Deckel sollte möglichst offen bleiben, während das Waschmittel zieht, da sonst starker Druck entstehen kann.
> Wird das Waschmittel in der Flasche etwas fest (geleeartig), dann ein bisschen schütteln und bei Bedarf etwas abgekochtes Wasser hinzugeben.

Geschirrspültabs

Die meisten Tabs sind einzeln in Plastik verpackt, sie lassen sich durch Geschirrspülpulver ersetzen, das im Karton verkauft wird. Oder ihr mischt euch euer eigenes.

GESCHIRRSPÜLREINIGER SELBST GEMACHT

DAFÜR BRAUCHST DU:

> 4 Tassen Waschsoda
> 1 Tasse Zitronensäure
> 1 Tasse Biospülmaschinensalz

SO GEHT'S:

> Die drei Zutaten vorsichtig miteinander vermengen.
> Dabei auf die Augen aufpassen: Waschsoda und Zitronensäure sind pur sehr intensiv und sollten weder in die Augen gelangen noch eingeatmet werden.

Spülmittel/Flüssigseife

Wer es einfach mag, verwendet All-in-one-Produkte. Gut geeignet ist zum Beispiel Olivenölseife, die man in fester Form unverpackt kaufen kann, um dann aus den Seifenflocken ein einfaches Flüssigseifen/Spülmittel-Rezept herzustellen. Falls es in deiner Stadt bereits ein verpackungsfreies Geschäft gibt, kannst du dir dort Flüssigseife und Spülmittel abfüllen.

Schwämme/Spüllappen

Anstelle von Kunststoffschwämmen verwenden wir selbst genähte Spültücher aus Baumwolle, die man problemlos in der Waschmaschine waschen kann. Für hartnäckigere Flecken oder eingebrannte Töpfe verwenden wir ein Stück Luffaschwamm oder einen Topfreiniger aus reinem Kupfer.

Bevor ich die Herkunft recherchierte, war ich immer davon ausgegangen, dass die lustig aussehende Luffagurke unter Wasser wächst. Ich war einigermaßen erstaunt, als ich lernte, dass dieser Schwammkürbis, ähnlich wie eine Schlangengurke, überirdisch wächst. Nach der Ernte wird der Kürbis getrocknet und dann ausgeklopft, das Gerippe, welches zurückbleibt, ist der Schwamm.

Das Tolle ist, dass er so vielseitig einsetzbar ist. Vom Topfschrubber über das Peelingpad bis hin zur Seifenunterlage kann der Superschwamm alles. Das Beste daran: Wenn er ausgedient hat, lässt er sich auf dem Kompost entsorgen. Einzig die Tatsache, dass er nur in eher tropischen Gegenden angebaut wird, gefiel uns nicht. »Kann man das nicht im eigenen Garten anbauen?«, fragten wir uns. Nach einer kurzen Recherche im Internet fanden wir Saatgut. Dieses Projekt blieb bislang aus Zeitgründen auf der Strecke, aber das nächste Frühjahr kommt bestimmt.

ESSEN AUSSERHALB DER EIGENEN VIER WÄNDE

Wenn wir in Restaurants gehen, haben wir neben unseren Trinkhalmen für die Kinder meist auch einen Satz Stoffservietten dabei, damit wir vor Ort nicht auf Papierservietten zurückgreifen müssen. Manche Restaurants verwenden noch Stoffservietten, aber ein Großteil stellt seinen Gästen Papierservietten zur Verfügung. Damit man nicht in die Verlegenheit kommt, sie zurückgeben zu müssen, kann man sie gleich bei der Aufnahme der Bestellung freundlich »abbestellen«.

Wenn wir unsere Portionen nicht schaffen, nehmen wir den Rest mit nach Hause. Um Styropor- und Alu-Behälter zu umgehen, bringen wir zu diesem Zweck unsere Lunchboxen oder unseren Tiffin mit. Das funktioniert auch wunderbar für Gerichte zum Mitnehmen.

Carlos Großmutter hatte es beim Essengehen nicht anders gehalten, nur dass sie stets eine kleine Plastiktüte in ihrer Handtasche parat hatte, um gegebenenfalls ein Hühnerteil oder einen Kartoffelkloß darin einpacken zu können. Ihr Verhalten war nicht dem Zero-Waste-Prinzip geschuldet, sondern wahrscheinlich ein Überbleibsel der gebeutelten Kriegsgeneration, die nie wusste, ob es am nächsten Tag noch etwas zu essen gab.

Bemängeln könnte man die Plastiktüte, doch viel wichtiger ist, dass sie uns ein Vorbild war, wenn es darum ging, übrig gebliebenes Essen wertzuschätzen.

DIE TIFFIN-BOX

Tiffin ist ein indisches Wort und bedeutet »Mittagessen«. Ein Tiffin-Behältnis aus Edelstahl wurde zum Star in dem indischen Film *Lunchbox* (2013). Diese Liebesgeschichte thematisierte, wie indische Männer an ihrem Arbeitsplatz um die Mittagszeit mit Essen versorgt werden. Die Ehefrauen kochen es zu Hause, füllen es in eine Tiffin-Box, die von einem Lieferservice abgeholt und zu den Büroangestellten gebracht wird. Ila lebt in Mumbai und möchte ihrer nur noch wenig leidenschaftlichen Ehe noch eine Chance geben – mit außergewöhnlich komponierten Mahlzeiten. Nun landen die aber nicht bei ihrem Mann, sondern bei einem kurz vor der Pensionierung stehenden Witwer. Bald bedankt sich der Witwer, indem er Zettel in die leere Tiffin-Box steckt, die zu Ila zurückgebracht werden. Ein reger Zettelverkehr beginnt, und die beiden Einsamen kommen sich durch die Botschaften in der Lunchbox näher.

Bei so viel kulinarischer Romantik kann man gar nicht umhin, sich Tiffin-Boxen zu besorgen. Sie lassen sich gut stapeln und können so verschiedene Lebensmittel fassen, zudem haben sie eine Halterung und Deckelschnallen, sodass Take-away-Gerichte ohne Verrutschen transportiert werden können. Mehr und mehr Take-away-Lieferanten stellen auf Tiffin-Boxen um, die teilnehmenden Restaurants nehmen die Tiffins auch entgegen. Wer mehr über das Projekt erfahren will, kann sich auf folgender Website informieren: http://dastiffinprojekt.org.

DAS ZERO-WASTE-BAD

TOILETTENPAPIER

Toilettenpapier war beispielsweise ein Produkt, auf das wir aus verschiedenen Gründen nicht verzichten konnten, und bis wir plastikfreies Toilettenpapier fanden, hat es lange gedauert.

TIPP

In vielen Ländern ist es durchaus üblich, statt Toilettenpapier Wasser zu verwenden, und die Meinungen darüber, ob es hygienischer ist oder nicht, gehen auseinander. Für Toiletten mit Spülkasten besteht die Möglichkeit, ein Bidet nachzurüsten, und das muss nicht einmal teuer sein. Bereits für um die 50 Euro kann man Modelle erstehen, die nachträglich eingebaut werden können (leider sind diese meist aus Plastik).

Nachdem wir uns von Papiertaschentüchern und Küchenrolle verabschiedet hatten, war das Toilettenpapier an der Reihe. Ich hatte im Netz darüber gelesen, dass es möglich ist, sich ein Bidet in der eigenen Toilette nachzurüsten, und war Feuer und Flamme für diese Idee. Sauber, erprobt und für alle Familienmitglieder machbar. Schnell hatte ich ein Modell gefunden, und das sogar zu einem recht günstigen Preis. Doch dann kam der Haken: Für das besagte Modell bedurfte es eines Spülkastens, und in unserer Altbauwohnung ist ein solcher leider nicht vorhanden. »Halb so wild«, sagte ich mir und machte mich auf die Suche nach anderen Alternativen, doch ich fand tatsächlich ... keine. Darüber war ich nicht besonders glücklich, vor allem, weil die Verpackung unseres Recycling-Toilettenpapiers einen Teil unseres letzten anfallenden Mülls ausmachte.

Welche Alternativen gibt es?

> Eine Pobrause zum Auffüllen am Waschbecken, einziges Manko: Sie ist aus Plastik: Sensibo Po-Dusche, ca. 15 Euro.
> Waschbares Toilettenpapier. In Kombination mit einem Bidet denkbar, ohne kam diese Variante für uns nicht infrage.
> Kompromiss: Plastikfreies Cradle to Cradle-Toilettenpapier aus recyceltem Papier.

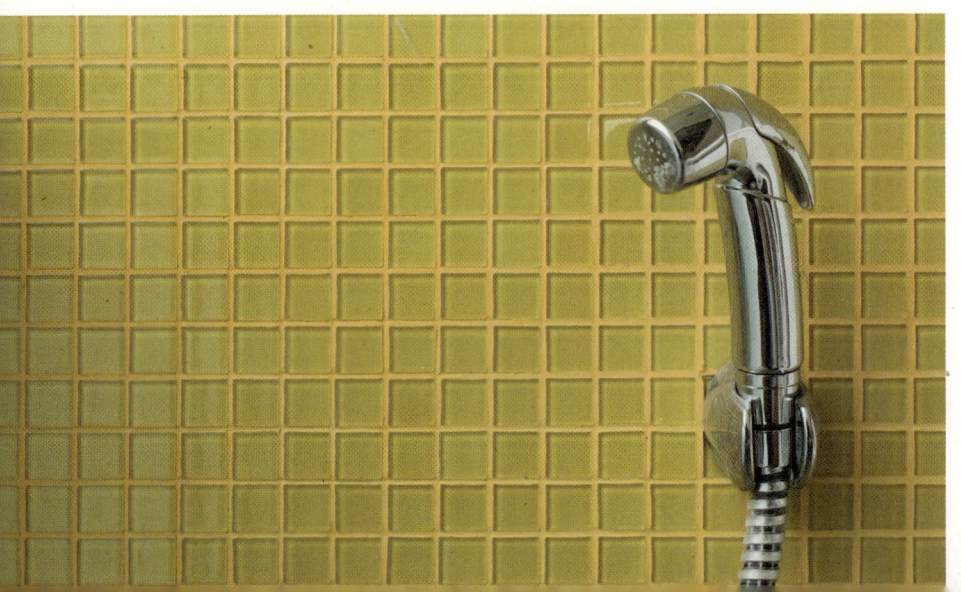

Um das Thema Toilettenpapier abzuschließen, möchte ich an dieser Stelle eine Erinnerung teilen, die mich sehr beeindruckt hat. Ich war mit unserer damals noch zweieinhalbjährigen Tochter beim Einkaufen und konnte nicht umhin, den Verkäufer noch einmal auf die Verpackung des besagten Papiers anzusprechen (ich hegte die stille Hoffnung, dass ausreichendes Nachfragen seitens der Kundschaft zu einer Änderung im Sortiment führen könnte). Der Verkäufer war sichtlich genervt und fragte nur, warum denn die Plastikverpackung so ein Problem für mich wäre. Da tat unsere kleine Tochter einen Schritt nach vorn und sagte laut: »Weil wir keinen Müll mehr machen.« Der Ausdruck auf dem Gesicht des Verkäufers war unbezahlbar, und ich bin fast geplatzt vor Stolz.

ZAHNBÜRSTE

Als wir unser Badezimmer in Augenschein nahmen, fielen uns gleich zu Beginn unsere Zahnbürsten auf. Wir benutzten sie zu Ende und recherchierten währenddessen Alternativen. Es gibt Zahnbürsten aus Buchenholz mit Schweineborsten, Bambuszahn-

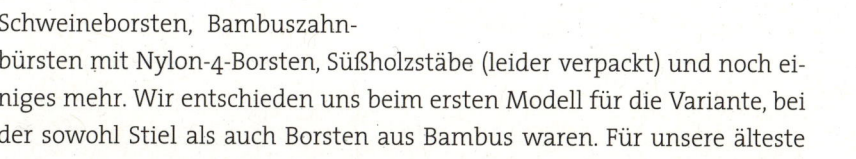

bürsten mit Nylon-4-Borsten, Süßholzstäbe (leider verpackt) und noch einiges mehr. Wir entschieden uns beim ersten Modell für die Variante, bei der sowohl Stiel als auch Borsten aus Bambus waren. Für unsere älteste Tochter war die Zahnbürste leider etwas groß, aus diesem Grund – und weil wir Schwierigkeiten mit der mangelnden Transparenz des Herstellers hatten – wählten wir einen anderen Hersteller. Dieser produziert ebenfalls Bambuszahnbürsten, nur sind die Borsten hier aus Nylon 4; auch dieses Modell ist kompostierbar, da es sich bei Nylon 4 um einen Biokunststoff handelt.

NYLON 4

Nylon 4 ist ein sogenannter Biokunststoff, hauptsächlich hergestellt aus Cellulose, Kohlenstoff und Wasser. Der wichtigste Unterschied von Nylon 4 zu herkömmlichem Nylon besteht darin, dass natürliche Ressourcen verwendet werden, während Nylon auf Erdölbasis hergestellt wird.

Nylon 4 ist komplett biologisch abbaubar. Die entscheidenden Faktoren im Zersetzungsprozess sind Luftfeuchtigkeit, Temperatur und der Grad an Würmern und Insekten, und je nach Bedingungen sind die Nylon-4-Borsten einer Zahnbürste in vier bis achtzehn Monaten kompostiert.

Hinweis: In vielen Gemeinden ist es nicht erlaubt, die Zahnbürste mit in die braune Komposttonne zu geben. Aufgrund der längeren Zersetzungszeit würden sich die Zahnbürsten in den Kompostieranlagen nicht schnell genug zersetzen. Ein Anruf bei der örtlichen Abfallwirtschaft kann schnell Klarheit bringen, was erlaubt ist und was nicht.

ZAHNPASTA

Als Zahnpastaersatz verwendeten wir zu Beginn Natron, welches wir einfach aus einem kleinen Salzstreuer auf unsere Zahnbürste sprenkelten. Der salzige Geschmack war zu Beginn ungewohnt, doch mit dem Ergebnis waren wir zufrieden. Natron hat übrigens den positiven Nebeneffekt, den Säurehaushalt im Mund zu regulieren. Zudem werden die Zähne schön glatt, und Belege setzen sich weniger schnell fest. Als unsere Tochter ihre Zahnpasta aufgebraucht hatte, versuchten wir es bei ihr mit Kokosöl. Sie war nicht von Anfang an überzeugt, machte aber wie meistens mit. Später einigten wir uns dann gemeinsam auf ein anderes Zahnpastarezept.

SELBST GEMACHTE ZAHNPASTA

DAFÜR BRAUCHST DU:

> 1 großzügigen EL Kokosöl
> 1 TL Natron
> Einige Tropfen Minzöl (je nach Geschmack und gewünschter Intensität)

SO GEHT'S:

> Alles miteinander vermischen. Und schon ist die Zahnpasta fertig.

Hinweis: Die Zahnpasta nur in geringen Mengen herstellen, in einem kleinen Gals aufbewahren und immer wieder frisch zubereiten, da sie keinerlei Konservierungsstoffe enthält.

An heißen Tagen wird das Kokosöl schnell flüssig. Um die festere Konsistenz wiederherzustellen reicht es aus, die Zahnpasta für eine Weile in den Kühlschrank oder an einen kühleren Ort zu stellen.

ALLESKÖNNER NATRON

Natron ist der Kurzbegriff für Natriumhydrogenkarbonat. Dieses feine weiße Pulver bekommt man in Apotheken, aber auch in Drogerien – und natürlich in verpackungsfreien Läden. Letztere bieten das Produkt unverpackt an, die anderen Geschäfte führen es meist in Papiertüten.

Es ist in zahlreichen alltäglichen Produkten enthalten, beispielsweise in Backpulver, Brausepulver und Brausetabletten, aber auch in Feuerlöschern und Putzmitteln.

Natron kann man nicht nur zum Reinigen der Zähne benutzen, sondern es hat vielfältige Einsatzmöglichkeiten:

> Natron hilft gegen Schweißgeruch: Natron reduziert auf natürliche Weise die Entstehung geruchsbildender Bakterien. Hierzu kann man einfach ein wenig Natronpulver auf die gereinigten Haus unter den Achseln auftragen.

> Natron hilft gegen Schuppen: Zu diesem Zwecke einfach eine Spülung aus einem Esslöffel Natron und einem Glas Wasser in das feuchte Haar einmassieren und anschließend auswaschen.

> Natron als Körperpeeling: Aus dem grobkörnigen Pulver kann man ganz einfach ein Peeling selbst herstellen und damit abgestorbene Hautschuppen entfernen.

> Natron ist ein bewährtes Hausmittel zur Behandlung von Sodbrennen oder Übelkeit. Hierzu einfach etwas Natron in einem Glas Wasser auflösen und trinken.

Hinweis: Bei Natriumcarbonat, das auch als Waschsoda bezeichnet wird, handelt es sich – auch wenn es so ähnlich klingt – nicht um Natron. Als Lebensmittelzusatz ist Natron stets mit dem Kürzel E500ii versehen. Solltet ihr Natron also zu einem der oben beschriebenen Zwecke ausprobieren wollen, achtet darauf, dass dieses Lebensmittelqualität hat.

Mittlerweile verwenden wir Zahnputztabletten. Diese werden auf einer Basis von Cellulose und Kieseler-
de hergestellt. Man zerkaut sie und
putzt dann mit der Zahnbürste hin-
terher. Sie lassen sich auch auf Reisen
perfekt in einem kleinen Baumwollsäckchen transportieren.

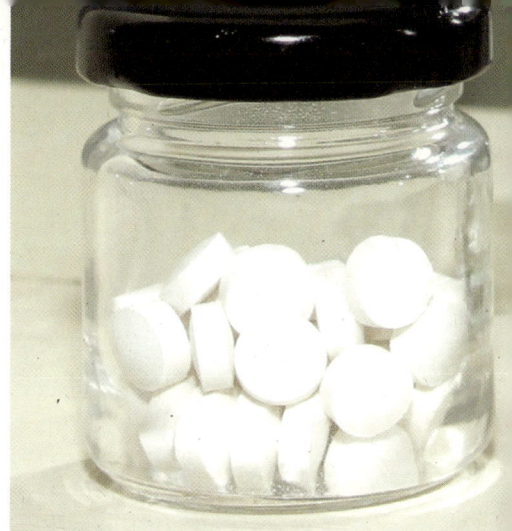

RASIERER

Bevor wir uns auf Zero Waste umstellten, hatten wir Mehrwegrasierer
mit auswechselbaren Klingen verwendet. Nachdem die letzte Klinge verbraucht war, kauften wir uns einen Rasierhobel. Hierbei handelt es sich um
ein klassisches Rasiergerät, das man für gewöhnlich in drei Teile auseinan-
dernehmen kann. Im Vergleich zu Rasierern aus Plastik hält der Edelstahl-
hobel bei guter Pflege ein Leben lang (und man kann ihn auch zu zweit
verwenden, jeweils mit einer eigenen Klinge für »sie« und »ihn«).

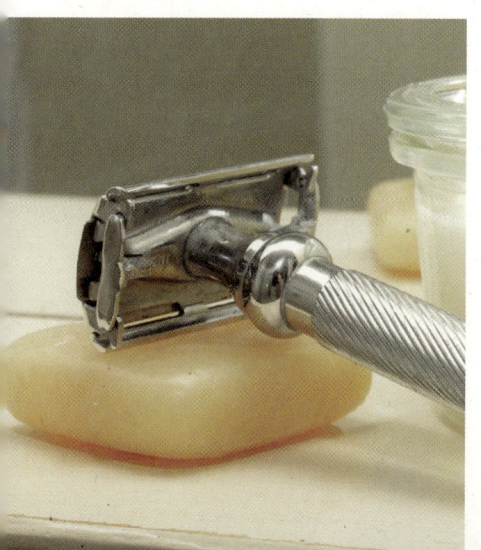

Früher schärfte man die Klingen
durch Wetzen entlang eines Leder-
riemens. Das funktioniert auch ganz
gut mit einem Stück Jeansstoff (mit
etwas Glück hat man noch eines
vom Kürzen einer Jeans). Und wer
den Rasierschaum aus der Dose
nicht mehr verwenden möchte, hat
die Möglichkeit, Rasierseife zu verwenden.

SHAMPOO/DUSCHGEL

Als unser Shampoo aufgebraucht war, versuchte ich es für etwa anderthalb Wochen mit Nopoo (eine Methode, bei der man die Haare nicht bzw. nur mit Wasser wäscht). Um es kurz zu fassen: Nopoo war nichts für mich, genauso wenig wie das Waschen mit Roggenmehl und anschließender saurer Rinse mit Essig. Als Mutter von zwei Kleinkindern ist meine Zeit im Bad limitiert, und auch die müllfreien Alternativen müssen möglichst schnell und praktisch sein.

Nach kurzer Suche stieß ich auf eine Seifenmanufaktur, die Haarseifen herstellte, und war begeistert. Mittlerweile bieten viele Hersteller eine breite Auswahl von Shampoobars und Haarseifen in sämtlichen Düften und Ausführungen an.

Wenn es mal schnell gehen muss und man keine Zeit zum Haarewaschen hat: Speisestärke eignet sich nicht nur zum Kochen und Backen, sie lässt sich auch als Ersatz für Trockenshampoo verwenden. Einfach auf den Ansatz streuen und einmassieren. Tipp für dunkles Haar: Die Speisestärke mit etwas Kakaopulver vermengen.

DEODORANT

Unser erster Ersatz für Deodorant war ein Alaunkristall. Früher benutzte man ihn, um Blutungen, die durch das Rasieren entstanden waren, zu stillen oder als After Shave. Aber man kann den Naturstein – ein Aluminiumsalzkristall – auch als Deo benutzen, dazu muss man ihn nur leicht anfeuchten und dann im Achselbereich auftragen. Da der Kristall keinen Eigengeruch hat, sind Fremddüfte oder chemische Inhalts- oder Konservierungsstoffe, die die Haut reizen können, von vornherein passé.

Leider haben wir im Zuge unserer Recherchen vor etwa anderthalb Jahren einen Artikel gefunden, in dem der schwer zu bestimmende Aluminiumgehalt im Kristall uns verunsichert hat. Es hieß darin, dass sie 20 bis 30 Prozent Aluminium enthalten können – das wäre eine deutlich höhere Aluminiumkonzentration als in den sonst zu kaufenden Antitranspirant (in Form von Aluminiumchlorid oder als verschiedene in Wasser gelöste Aluminiumchlorhydroxide). Wird aber Aluminium über die Haut aufgenommen, kann das gefährliche Folgen für den Menschen haben. Anfangs dachte man noch, dieses Leichtmetall sei ungiftig und völlig harmlos, doch es sammelt sich im Körper, im Lungengewebe, in den Knochen, auch im Gehirn. Heute ist bekannt, dass eine schwere Demenzerkrankung auf Aluminium zurückgeht, die Dialyse-Enzephalopathie. Weiterhin wird vermutet, dass Aluminium Brustkrebs verursacht. Die Annahme gründet auf der Beobachtung, dass Tumore der Brust etwas häufiger außen sitzen – also zur Achselhöhle gewandt. Eben dort finden auch die aluminiumhaltigen Antitranspirante regelmäßige Verwendung.

Seit wir um das Aluminiumproblem wissen, benutzen wir selbst hergestellte Deos.

DEO-ROLL-ON SELBST GEMACHT

DAFÜR BRAUCHST DU:

> 1 Deo-Roller (am besten einen bereits vorhandenen Deo-Roller aus-
  waschen und wiederverwenden)
> 2 TL Speisestärke
> 2 TL Natron
> 100 ml Wasser
> 5 Tropfen von einem ätherischen Öl (wir mögen Rosmarin besonders
  gern)

SO GEHT'S:

> 100 ml Wasser in einem Topf erhitzen.
> 1–2 Teelöffel Speisestärke unterrühren.
> Kurz aufkochen, bis eine leicht sirupartige Konsistenz erreicht ist –
  bei Bedarf mehr Stärke hinzugeben.
> Die Mischung auf ungefähr 30 Grad abkühlen lassen.
> 2 Teelöffel Natron unterrühren, bis es aufgelöst ist.
> Ätherisches Öl hinzugeben, ebenfalls gut umrühren.
> Alles in einen leeren Deoroller füllen.

Wer kein Roll-on mag, kann sich auch eine Deocreme aus Kokosöl, Speisestärke und Natron herstellen.

DEOCREME SELBST GEMACHT

DAFÜR BRAUCHST DU:

> 3 TL Kokosöl
> 2 TL Natron
> 2 TL Speisestärke (auch Maisstärke)

SO GEHT'S:

> Speisestärke und Natron in einer kleinen Schüssel gut vermischen, nach und nach das Kokosöl hinzugeben (so kann man die Konsistenz besser überprüfen).
> Ist alles schön cremig, die Paste in ein Glasgefäß geben, z.B. einen Salbentiegel.

Tipp: Bei selbst gemachter Kosmetik ist es immer wichtig, die Gefäße vorher gründlich zu reinigen, z.B. auszukochen oder mit Alkohol zu desinfizieren.

Wenn es schnell gehen muss, kann man sich die Achseln auch mit etwas Speisestärke pudern.

FLÜSSIGSEIFE

Am Waschbecken findet man in vielen Haushalten Flüssigseife im Pumpspender. Man kann die Flüssigseife einfach durch ein Seifenstück ersetzen oder besagte Seife einfach selbst herstellen.

DIY-FLÜSSIGSEIFE

DAFÜR BRAUCHST DU:

> 80 g geriebene Seife deiner Wahl (zum Reiben eine einfache Küchenreibe benutzen)
> 1 l Wasser

SO GEHT'S:

Simple Variante:
> Die geriebene Seife in kochendem Wasser auflösen.
> Das Ganze einmal aufkochen und über Nacht setzen lassen.

Fancy Variante für eine seidige Konsistenz:
> Am nächsten Tag mit dem Pürierstab durchpürieren und bei Bedarf abgekochtes Wasser hinzugeben.
> Ätherisches Öl für einen leichten Duft zugeben.

Tipp: Seifenspender immer wieder verwenden, gern für eine schmucke Variante aus Metall entscheiden.

STÜCKSEIFE

Stückseifen sind eine gute Alternative zu Flüssigseifen und praktische Begleiter auf Reisen. Richtig gelagert sind sie sehr ergiebig, am wichtigsten ist es, darauf zu achten, sie nicht im Nassen liegen zu lassen (zum Ablegen und Trocknen von Seifen eignen sich zum Beispiel Unterlagen aus Luffa hervorragend).

Im Bereich der Seifen gibt es fast nichts, das es nicht gibt. Von Rasierseife über Haarseife, Körperseife, Peelingseife bis hin zur Fellseife hat man eine große Auswahl. Wir kaufen möglichst bei regionalen Seifenmanufakturen, die Seifen auf planzlicher Basis herstellen.

BADREINIGER

Essigessenz mit Wasser verdünnt in eine Sprühflasche geben. Wer den Essiggeruch als unangenehm empfindet, kann ein paar Tropfen eines ätherischen Öls dazugeben. Diese Mischung verwenden wir übrigens als Allround-Putzmittel für unseren gesamten Haushalt, und da Essig antibakteriell wirkt, eignet er sich auch hervorragend für die Reinigung von Küche und Bad.

SCHÖN UND GESUND

Kosmetikartikel zu bekommen, ist eine wahre Herausforderung, wenn man sie unverpackt beziehen möchte. Als meine Tagespflege aufgebraucht war, beschloss ich, den Mittelweg der Selbstherstellung aus einfachen Zutaten zu gehen. So fiel zwar nach wie vor Verpackung an, jedoch deutlich weniger, und ich konnte aus wenigen Zutaten eine Creme herstellen, die für alle Familienmitglieder funktionierte.

An manchen Tagen spendet die selbst gemachte Allround-Creme (wir benutzen sie auch als Bodybutter) aus Shea-, Kakaobutter und Mandelöl jedoch nicht ausreichend Feuchtigkeit. Zurück zu Tube und Tiegel? Keineswegs! Eine Aloe-Vera-Pflanze genügt, um trockene Haut wohltuend zu entspannen. Je nach Bedarf schneidet man sich ein Stück von einem Blatt ab und verreibt ihren gelartigen Inhalt auf der entsprechenden Hautpartie.

Die schöne Pflanze trägt zur positiven Veränderung des Raumklimas bei und kann im Sommer gut zur Pflege von Sonnenbrand eingesetzt werden. Die abgeschnittenen Blätter wachsen mit der Zeit übrigens wieder nach.

BODYBUTTER

DAFÜR BRAUCHST DU:

> Sheabutter
> Kakaobutter
> Mandelöl

SO GEHT'S:

> Shea-, Kakaobutter und Mandelöl zu gleichen Teilen in eine Schüssel geben und über dem Wasserbad schmelzen.
> Die flüssige Masse in den Kühlschrank stellen, bis sie wieder fest ist.
> Dann so lange mit dem Rührgerät aufschlagen, bis alles eine sahnigweiße Konsistenz hat.
> In ein sauberes Glas füllen und fertig.

Tipp: Wer einen speziellen Duft möchte, kann vor dem Aufschlagen einen Tropfen ätherischen Öls hinzugeben.

Beim Thema dekorative Kosmetik wird es eng in unserem müllfreien Universum. Wenn alle Reste aufgebraucht sind (und glaubt mir, das kann länger dauern, als man glauben möchte), steht man vor verschiedenen Möglichkeiten. Die eine ist es, das Schminken ganz sein zu lassen, die andere ist die DIY-Schiene. Im Internet findet man zahlreiche Anleitungen und Tipps für selbst gemachte Produkte vom Bronzer über Mascara bis hin zu Kajal. Zu guter Letzt gibt es immer noch die Möglichkeit, sich die Wimpern beispielsweise färben zu lassen, anstatt sie zu tuschen.

Mein absoluter DIY-Favorit ist mein selbst gemachter Lippenbalsam, den ich mit einem Extrakt aus roter Bete färbe.

LIPPENBALSAM, SELBST GEMACHT

DAFÜR BRAUCHST DU:

> 1 EL Kokosöl
> 1 EL Bienenwachs (je höher der Anteil an Bienenwachs, desto fester der Balsam)
> 1 EL Lanolin (kann auch durch Sheabutter ersetzt werden)
> 1 TL Honig

SO GEHT'S:

> Die Zutaten in einer Schale über dem Wasserbad langsam erhitzen, bis sie geschmolzen sind und man sie gut verrühren kann.
> Flüssigkeit in die vorbereiteten Tiegel geben (diese sollten vor dem Befüllen ausgekocht oder mit Alkohol desinfiziert werden).
> Mit einer Glaspipette den Farbextrakt (siehe unten) in die noch flüssige Mischung geben und so lange rühren, bis sich die Farbe gleichmäßig verteilt.

Für die rote Farbe koche ich eine kleine rote Bete in etwas Wasser. Wenn die Bete gar ist, gebe ich das mittlerweile rot gefärbte Wasser in ein Fläschchen und lasse es abkühlen, im Anschluss mische ich einen Schuss Alkohol für die Haltbarkeit dazu. Das funktioniert mit Alkohol aus der Apotheke oder auch Wodka etc.

Rot ist mein persönlicher Favorit, aber eurer Fantasie sind keine Grenzen gesetzt: Zimt oder Kakao ergeben einen schönen Braunton, Hibiskus einen violetten Hauch.

Und nicht vergessen: Die leckere Bete essen! Mit etwas Essig und Öl und ein bisschen frischer Petersilie zum Beispiel.

MASCARA ENTFERNEN

Die Wimpern mit DIY-Mascara zu färben, ist eine komplizierte Angelegenheit. Ich verwende daher keine Mascara, sondern lasse mir die Wimpern von Zeit zu Zeit färben.

Wer sich jedoch für Mascara entscheidet, benötigt auch »Abschminkhilfen«. Das Zero-Waste-Equivalent zum Wattepad sind waschbare Abschminkpads. Verschiedene Hersteller bieten hübsche Modelle unter anderem aus Biobaumwolle an. Wer Geld sparen möchte, kann sich aus Stoffresten selbst welche zaubern (siehe Nähanleitung). Anstelle des klassischen Make-up-Remover eignet sich Kokosöl ganz hervorragend. Einfach eine erbsengroße Menge auf ein Pad geben und wie gewohnt abschminken. Wer Kokosöl nicht verträgt, kann auch Olivenöl verwenden.

DIY-ABSCHMINKPADS

DAFÜR BRAUCHST DU:

> 1 altes Handtuch
> 1 Stück Stoff (am besten Biberbettwäsche oder Moltontuch)
> 1 Glas – Größe des Glases entscheidet Padgröße

SO GEHT'S:

> Handtuch und Moltontuch/Biberbettwäsche, mit Stecknadel aneinanderheften.
> Mit Schneiderkreide oder Bleistift die Konturen des Glases umfahren. So oft man möchte und so viele auf den Stoff passen.
> Die einzelnen Pads fixiert man, indem man sie mit Stecknadeln innerhalb des Kreises zusammenheftet.
> Pads ausschneiden.
> Möglichst nah an der Kante aufeinandersteppen, abschließend mit Zick-Zack-Stich einfassen. Wer eine Overlockmaschine hat, kann den Rand auch damit einfassen.

> **TIPP**
>
> Möglichkeiten der dekorativen Kosmetik, wenn man sie lieber fertig kauft, wären z. B. Lippenkonturstifte anstatt der Lippenstifte und Kajalstifte aus Holz. Manche Naturkosmetikhersteller bieten diese Stifte auch mit Metall- anstelle von Plastikdeckeln an. Mithilfe eines Stifteverlängerers könnte man sie dann fast restlos aufbrauchen und würde einiges an Kunststoff sparen.

MONATSHYGIENE

Wie funktioniert Zero Waste eigentlich, wenn es um die Periode geht? Zwar hatte ich bereits von Menstruationstassen gelesen, konnte mir jedoch nichts darunter vorstellen, und spätestens als ich ein Bild davon sah, nahm meine Skepsis überhand. Die abgebildete »Tasse« sah riesig aus im Vergleich zu einem Tampon, sollte das wirklich funktionieren? Ich beschloss, meine Frauenärztin zu fragen, und diese überraschte mich mit ihrer selbstverständlichen Antwort, dass dies keineswegs unüblich und auch schon langjährig erprobt sei. Na dann, auf zu neuen Ufern in Sachen Menstruation.

Wie ich später herausfand, waren die Ufer bei Weitem nicht so neu, wie ich vermutet hatte: Bereits in den Dreißigerjahren wurde das erste Patent für eine Menstruationstasse eingereicht!

Die meisten Modelle werden aus medizinischem Silikon gefertigt, es gibt aber auch welche aus Latex. Sie ähneln optisch einem kleinen Kelch oder Sektglas, und es gibt sie in verschiedenen Größen zu kaufen. Je nach Hersteller haben sie eine Lebensdauer von ungefähr zehn Jahren und somit mülltechnisch die Nase ganz weit vorn.

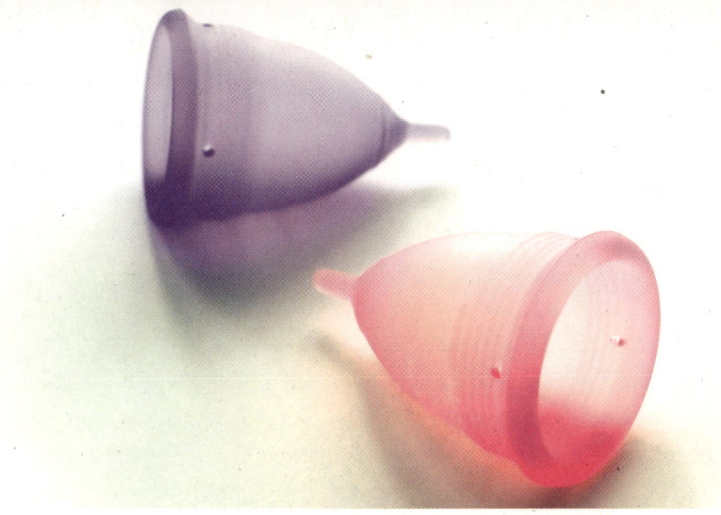

Das sind die Fakten:

> Menstruationstassen sind ideal für die Scheidenflora, da sie ein Austrocknen verhindern; es bleiben keine Textilfasern zurück, die Irritationen etc. hervorrufen können.

> Apropos Textilfasern: Es ist bekannt, dass sie bei Tampons und Binden gesundheitlich nicht unbedenklich sind, Stichwort: Glyphosat. Das ist ein Unkrautvernichtungsmittel. Richtig gelesen, ein Gift an empfindlichen Schleimhäuten. In Tampons und Binden wird viel Baumwolle verarbeitet, und auf den meisten Baumwollfeldern wird Glyphosat im großen Stil angewendet, obwohl nachgewiesen wurde, dass der Stoff krebserregend ist.

> Pluspunkt Nachhaltigkeit: Eine Frau verbraucht durchschnittlich 12000 Tampons oder Binden im Laufe ihres Lebens. Im Gegensatz hierzu steht der Silikonkelch mit einer Lebensdauer von rund zehn Jahren deutlich ökologischer da. Silikon ist übrigens noch der »friedlichste« unter den Kunststoffen, einer seiner Bestandteile ist Silizium. Gerade im medizinischen Bereich findet Silikon seit vielen Jahren Verwendung.

> Money, Money, Money ... eine Menstruationstasse kostet zwischen 15 und 30 Euro. Dies ist jedoch eine einmalige Investition – und im Vergleich zur monatlichen Ausgabe für Binden oder Tampons eine definitive Ersparnis.

> *Social Business.* Es gibt Hersteller von Menstruationstassen, die mit ihrem Produkt auch soziale Zwecke unterstützen. Die Monatsblutung führt in vielen Ländern dieser Welt nach wie vor zur Ausgrenzung von Frauen. Firmen wie Ruby Cup haben es sich zur Aufgabe gemacht, daran etwas zu ändern. Erwirbt man bei diesem Hersteller eine Tasse, verschenkt er im Gegenzug eine Tasse, z.B. an Mädchen in Tansania oder Nigeria. Dadurch versäumen die jungen Frauen weniger Zeit in der Schule oder der Arbeit. Das Unternehmen leistet somit einen wichtigen Beitrag, um das Thema Ausgrenzung während der Zeit der Periode anzugehen, welches in manchen Ländern leider nach wie vor der Fall ist..

Weitere Optionen für eine müllfreie beziehungsweise müllreduzierte Periode:

> Waschbare Binden/Slipeinlagen. Viele Hersteller bieten Modelle aus Materialien von Biobaumwolle bis Bambusviskose in vielen verschiedenen Designs an.

> Menstruationsunterwäsche. Diese Unterwäsche ist mit einer speziellen Einlage aus mehreren dünnen Schichten versehen. Sie ist hübsch und von der Funktionalität vergleichbar mit waschbaren Binden und Slipeinlagen.

> Für experimentierfreudige gibt es die »Free-Flow-Methode«, auch freie Menstruation genannt. Hierbei werden unseren Recherchen zufolge keinerlei Hilfsmittel verwendet, man erleichtert sich während dem regulären Toilettengang, und das Blut fließt direkt in die Toilette.

ARZNEIMITTEL

Manchmal gibt es einfach keinen Weg, Verpackungen zu umgehen. Dies trifft vor allem auf medizinische Produkte zu, die steril sein und daher verpackt werden müssen. Wir versuchen immer wieder, bei Apothekern anzuregen, nach weniger Kunststoffverpackungen zu fragen (immerhin sind sie die ersten Abnehmer), doch das scheint noch ein langer Weg.

Tabletten könnten beispielsweise nicht einzeln in Blistern, sondern in einem Schraubglas oder in einer kompostierbaren Verpackung aus Pergamin (transparentes fettdichtes Papier, das aus Zellstoff hergestellt wird) verpackt werden. Vorstellbar wäre auch eine Art Spendersystem für die gängigsten Medikamente, die dann direkt vor Ort in recyclebare (wirklich recyclebar) oder kompostierbare Verpackungsalternativen abgepackt werden.

Allgemein versuchen wir, so selten wie möglich Medikamente zu nehmen, doch manchmal führt leider kein Weg daran vorbei. Das sind glücklicherweise die Ausnahmen, und meist helfen die Hausmittel ganz hervorragend, davon gibt es übrigens mehr, als man denkt, hier einige Anregungen und Tipps:

> Bei Schnupfen oder Allergie hilft eine Nasendusche mit lauwarmem Wasser und etwas Kochsalz.
> Viele Allergiker schwören darauf, jeden Tag einen Teelöffel regionalen Honigs zu sich zu nehmen.
> Insektenstiche können mit etwas Essig betupft werden. Hinweis für Eltern: Ist der Stich beim Kind bereits aufgekratzt, kann das brennen. Danach ist der Juckreiz jedoch verschwunden.
> Bei Bauchschmerzen und Übelkeit helfen Ruhe und eine Wärmflasche. Wir haben eine Wärmflasche aus Kautschuk. Wenn man keine hat, kann man genauso gut eine Glasflasche mit warmem Wasser befüllen und ein Küchentuch drumwickeln oder die Flasche in eine große Socke stecken.
> Bei Übelkeit tut ein Tee aus geriebenem oder geschnittenem Ingwer, der mit heißem Wasser aufgebrüht wird, gut. Wer kein Problem mit der Schärfe hat, kann auch ein kleines Stück geschälten Ingwer kauen.
> Bei Halsschmerzen mit Salbeitee oder Salzwasser gurgeln.
> Verdauungsprobleme lassen sich mildern, indem man Fenchelsamen kaut oder Fencheltee trinkt.
> Blasenentzündungen können durch viel Trinken gelindert werden. Es empfiehlt sich, Cranberrysaft zu trinken oder Cranberrys zu essen.
> Für den Fall eines Sonnenbrands haben wir eine Aloe-Vera-Pflanze – einfach ein Stück abschneiden und den Saft der Pflanze auf die betroffenen Stellen auftragen. Auch Quark kann bei einem Sonnenbrand schmerzlindernd (angenehm kühlend) und entzündungshemmend wirken. Sollte man weder das eine noch das andere zur Hand haben, hilft es auch, die Hautpartien mit Olivenöl einzureiben.
> Bei Hautirritationen schaffen Kompressen mit Schwarztee Abhilfe. Schwarztee aufgießen und ziehen lassen. Dann saubere Baumwollstreifen in den abgekühlten Sud geben, auswringen und die betroffenen Stellen damit betupfen.
> Bei einem Bienenstich ist es wichtig, dass der Stachel schnell entfernt wird. Bei Kindern geht das am besten, wenn man den Stachel mit dem Mund raussaugt. Klingt schräg, funktioniert aber super. Dann

eine halbe Zwiebel auf die Stichstelle drücken. Der Saft wirkt Wunder gegen die Schwellung – hilft auch bei Wespenstichen.

> Wer unter Zahnschmerzen leidet, kann eine ganze Nelke auf den betroffenen Zahn legen und zubeißen. Die ätherischen Öle werden am besten durch kontinuierliches Kauen freigesetzt. Alternativ kann die Nelke auch in die Backentasche gelegt werden.

> Kopfschmerzen lassen sich mit ein paar Tropfen Minzöl lindern. Auf die Schläfen massieren und kurz die Augen schließen. Wem das zu intensiv ist, der kann sich die Schläfen und den Nacken auch mit frischen Minzblättern massieren.

> Bei Schweißfüßen hilft es, etwas Natron in die Schuhe zu sprenkeln.

> Bei Husten hilft frisch aufgebrühter Thymiantee mit Honig, Inhalieren mit Thymian oder Salbeiaufguss. Auch selbst gemachter Spitzwegerich-Sirup ist toll bei Husten.

SPITZWEGERICH-SIRUP

DAFÜR BRAUCHST DU

> 270 g Rohrohrzucker in Bioqualität
> 2 Hände voll Spitzwegerich
> 1 sauberes Schraubglas

Das Schöne an diesem Rezept ist, dass man es mit einem kleinen Spaziergang an der frischen Luft verbinden kann. Zum Sammeln des Spitzwegerichs eignet sich ein sauberer Baumwollbeutel oder ein kleines Körbchen. Ich bevorzuge das Säckchen – legt man dieses anschließend mit der Öffnung zur Seite auf den Küchentisch, krabbeln die Insekten raus. Die mögen es nämlich nicht dunkel.

> Gesammelte Blätter zu Hause vorsichtig waschen und mit einem Geschirrtuch trocken tupfen.

> Die Blätter quer zu den Längsfasern in ca. 1,5 cm lange Stücke schneiden.

> Nun schichten: zuerst eine Lage Spitzwegerich, dann eine Lage Zucker, dann wieder Spitzwegerich und dann wieder Zucker. So das Glas füllen.

> Die letzte Lage sollte aus Gründen der Konservierung aus Zucker sein.

> Für mindestens zwei Monate sollte das Glas nun an einem gleichmäßig temperierten Ort stehen. Dazu kann man das Glas z.B. etwa 50 cm tief in der Erde vergraben (nicht vergessen, die Stelle zu markieren, damit man sie wiederfindet).

> Nach Ablauf dieser Zeit wird der Sirup langsam im Wasserbad erwärmt, bis er flüssig ist. Wer mag, kann den Saft einer Zitrone zugeben. Anschließend mithilfe eines Trichters in ein geeignetes Behältnis, z.B. eine Bügelglasflasche, füllen.

Wir mögen dieses Rezept, weil es müllfrei, günstig und gesund ist. Außerdem kann die ganze Familie dabei helfen. Dann schmeckt die Medizin im Winter gleich ganz anders, wenn sie selbst gemacht ist. Kindern gibt man bei Husten einen Teelöffel, Erwachsenen ein bis zwei Teelöffel.

Schön für Kinder ist auch ein warmer Bienenwachswickel bei Husten. Den Wickel kann man prima selber machen.

BIENENWACHSWICKEL BEI HUSTEN

DAFÜR BRAUCHST DU:

> 1 sauberes Stück Baumwolle.
> 1 Backblech, das einem nicht mehr so sehr am Herzen liegt
> 1 Handvoll geriebenes Bienenwachs

Wir beziehen unser Bienenwachs direkt vom Imker und reiben uns dann jeweils die Menge, die wir für die verschiedenen Rezepte brauchen. In der Zwischenzeit bewahren wir es in einem Baumwollsack an einem dunklen und kühlen Ort auf.

SO GEHT'S:

> Tuch auf das saubere Backblech legen und gleichmäßig mit dem geraspelten Bienenwachs bedecken.
> Bei ca. 160 Grad im Ofen erwärmen, bis das Wachs vollständig geschmolzen ist.
> Mit einem eckigen Holzstab wird das Wachs nun mit etwas Druck in das Gewebe eingestrichen.
> Auskühlen lassen, bis es eine angenehme Temperatur hat.

Wichtig: Immer die Temperatur prüfen, damit es nicht zu Verbrennungen kommt. Wir wickeln zusätzlich noch einen weichen Baumwollschal um das Wachstuch, das sorgt für einen besseren Halt und längere Wärmewirkung. Man kann das Tuch übrigens mehrfach verwenden und immer wieder in der Mikrowelle oder im Backofen erhitzen. Außerdem riecht es herrlich!

KANN MAN MÜLLFREI VERHÜTEN?

Unserer Meinung nach nicht. Methoden wie *Coitus interruptus* sind mehr als unsicher, selbst wenn man damit eine Schwangerschaft verhindern könnte, so bleibt das Risiko, sich mit Geschlechtskrankheiten zu infizieren. Die meisten Verhütungsalternativen sind reichlich verpackt – von der Pille bis hin zum Verhütungsmonitor. Wer auf eine hormonfreie Verhütung setzt, kann Kondome aus Naturkautschuk verwenden. Kondome fallen jedoch unter die Kategorie medizinisches Produkt und müssen daher entsprechend verpackt werden.

WOHNEN UND LEBEN

Nahmen wir in der Küche und im Bereich von Toilette und Bad tief greifende Veränderungen vor, die unser neues Zero-Waste-Leben erforderte, so ging es im Wohn- und Schlafzimmer mehr darum, die Zahl der überflüssigen Gegenstände zu minimieren. So wurden zum Beispiel all unsere Schränke gründlich inspiziert. Ungetragene Kleidung und unbenutzte Spielsachen wurden aussortiert, verschenkt, für den Flohmarkt gesammelt oder gespendet.

TIPP

Guter Trick, wenn es einem schwerfällt, sich von einem Kleidungsstück zu trennen: Hänge den Bügel verkehrt herum in den Schrank. Nach sechs Wochen kannst du überprüfen, ob du den Bügel bewegt bzw. das Stück getragen hast. Wenn nicht, kannst du das Experiment wiederholen oder dich gleich davon trennen.

KLEIDERTAUSCHPARTYS

Eine schöne Abwechslung zum Secondhandladen bieten Kleidertauschpartys. Der Ablauf ist immer ein wenig unterschiedlich, aber meist ähnlich: Man bringt eine bestimmte Anzahl an gut erhaltenen Kleidern mit, meist circa zehn Teile, und das ist schon mal toll, weil man auf diese Weise gleich ausmistet, bevor man sich etwas Neues ertauscht. Den einzelnen Kleidungsstücken (Jacken, Jeans, Pullover, Blusen, Shirts, Schals ...) werden Punkte zugeteilt, und im Wert dieser Punkte kann man sich dann im Gegenzug andere gebrauchte Sachen aussuchen. Die Klamotten werden auf Tischen verteilt, und man kann in Ruhe stöbern.

Kleiderpflege

Kernseife eignet sich übrigens hervorragend zum Vorbehandeln von Flecken. Allgemein ist es immer gut, den Fleck zuerst kalt auszuwaschen und dann mit der Seife dranzugehen.

Die Allzweckwunderwaffe Speisestärke ist auch bei Fettflecken ein geniales Mittel. Einfach auf den Fleck streuen, einziehen lassen und wieder abbürsten.

Wäsche bleichen nach Urgroßmutters Art

Wir hatten mal ein Kinderbuch, es war ein altes Wimmelbuch über die Jahreszeiten, und auf der Sommerseite sah man unter anderem eine grüne Wiese, auf der weiße Wäsche ausgebreitet lag. Meine Oma erzählte gern, dass man die Weißwäsche an sonnigen Tagen auf der Wiese ausbreitete und dann immer wieder mit Wasser bestäubte. Die Sonne hat die Wäsche dann auf natürliche Weise gebleicht.

Das funktioniert auch heute noch! Plant doch mal ein Wäsche-Wochenende im Sommer für Bettlaken, Tischtücher & Co. ein. Mit ein bisschen Kreativität kann es zu einem vergnüglichen Tag für die ganze Familie werden – Wasserschlacht inklusive!

Kleidung ändern

Das Mantelfutter hat ein Loch? Die Hose ist zu lang und deshalb am Saum schon ganz abgewetzt? Wer gerne näht, kann solche Reparaturen selbst durchführen. Für alle anderen tut es ein Besuch in einer Änderungsschneiderei. Aus Alt mach Neu!

TIPP

Anstatt eines Fusselrollers aus Plastik kann man auf eine Kleiderbürste zurückgreifen. Die gibt es aus Holz mit Naturborsten, und sie hält ein Leben lang.

SCHUHPFLEGE

Die meisten Schuhe kann man beim Schuster neu besohlen lassen und sie so für eine weitere Saison rüsten. Eine Alternative wären handgemachte Schuhe: Sie stellen zwar zunächst eine große Investition dar, können dafür aber auch zu Begleitern fürs Leben werden. Maßschuhe können immer wieder neu besohlt werden (vollständig und nicht nur die unterste Sohle). Zudem hat man Einfluss auf die Herkunft und Gerbung des Leders und unterstützt lokales Handwerk.

BATTERIEN

Batterien kann man weder reparieren noch sinnvoll recyceln. Selbst das Umweltbundesamt rät: »Batterien meiden, wo möglich.«

Bislang besitzen wir bis auf unsere Fernbedienung und ein Fieberthermometer nur batteriefreie und netzbetriebene Geräte. Wie bei vielen Dingen haben wir uns auch hier die Frage gestellt, ob unser Leben ohne Batterien funktionieren könnte. Das Fieberthermometer ist etwas, von dem unsere Kinder nicht abrücken würden. Es handelt sich um ein Modell, welches die Temperatur im Ohr misst. Unsere Fernbedienung läuft noch immer mit den alten Batterien. Sollte der Fall jemals eintreten, würden wir uns wohl für wiederaufladbare Akkus entscheiden und in jedem Fall empfehlen, den Gebrauch und Kauf von batteriebetriebenen Geräten zu überdenken und auf das nötige Minimum zu reduzieren, wobei auch hier gilt, das man nur so weit gehen sollte, wie man es selbst für richtig hält.

DAS AUTO

Viele haben uns schon gefragt: »Besitzt ihr eigentlich ein Auto, das ist doch nicht gerade klimafreundlich?« Ja, wir besitzen ein Auto, einen VW-Bus, um genau zu sein. Wir benutzen den Bus jedoch nur wenig, wir sind so gut wie immer mit dem Rad oder den öffentlichen Verkehrsmitteln unterwegs.

Im Rahmen eines Testprogramms hatten wir Gelegenheit, den i3 von BMW zu testen, und fanden die Woche toll. Carsharing mit Elektroautos können wir uns gut vorstellen, wenn das letzte Stündlein unseres Busses geschlagen hat. Für längere Strecken lassen wir den Bus auf seinem Parkplatz und steigen in die Bahn.

EINSTELLUNGSSACHEN

Bei Zero Waste geht es um viele kleine Schritte, die ein großes Ganzes beeinflussen. Wir versuchen achtsam zu sein, wo es geht. Hier ein paar Punkte, die man immer miteinbeziehen kann:

> Licht nur in den Räumen anschalten, in denen man sich aufhält. Auch nur dort heizen.
> Das Wasser nicht unnötig lange laufen lassen. Zum Spülen von wenig Geschirr eine Spülschüssel verwenden und beim Zähneputzen zwischendrin das Wasser abdrehen.
> Im Auto nicht die Klimaanlage einschalten, lieber hin und wieder das Fenster öffnen.
> Den Backofen nur vorheizen, wenn unbedingt nötig.
> Kühlschranktemperaturen prüfen. Eine Temperatur von 7 Grad ist vollkommen ausreichend und spart im Vergleich zu niedrigeren Temperaturen einiges an Energie.

TEILE MIT DEINEN NACHBARN

In einer perfekten Welt würden wir uns unsere Bohrmaschine und sämtliches Werkzeug, unsere Tageszeitung und vielleicht auch Bücher o.Ä. mit unseren Nachbarn teilen. Die Realität sieht leider anders aus, und oft kennt man seine Nachbarn noch nicht einmal.

Stellt euch vor, man würde sich in einem Wohnhaus mit 22 Parteien die oben genannten Gebrauchsgegenstände teilen. Dann müsste man nur eine Bohrmaschine für 22 Haushalte anschaffen, eine Zeitung abonnieren, einen Grill in den Hof stellen etc. – das würde unserer rasend schnellen Konsumgesellschaft ganz schön die Bremse reinhauen.

Der Fachbegriff für diese schöne Idee lautet: *Share Economy*. Der Harvard-Ökonom Martin Weitzman hat diesen Begriff geprägt, überzeugt davon, dass sich unser Wohlstand sogar erhöhen würde, wenn mehr Menschen bereit wären, miteinander zu teilen. Es gibt immer mehr Plattformen, die sich dieses Thema zur Aufgabe gemacht haben, wie z.B. Useley.com. Auf diesen Seiten kann alles vom Fondue bis hin zur Kamera gegen eine Gebühr für einen bestimmten Zeitraum verliehen werden. Jeder kann sich als Verleiher registrieren und so liegen gebliebene Geräte wie z.B. ein Waffeleisen wieder zu neuem Leben erwecken, denn ein anderer braucht vielleicht gerade eins. Schöner wäre es natürlich, wenn man zur Nachbarin im dritten Stock gehen und sich das Waffeleisen leihen könnte, ohne Gebühr. Im Gegenzug borgt sie sich vielleicht die Bohrmaschine.

Wir plädieren also dafür, die eigene Scheu zu überwinden und die Nachbarn einfach mal zu einem Treffen einzuladen. Eine schöne Möglichkeit, einmal alle kennenzulernen, wäre vielleicht ein gemeinsamer Grillabend im Hof. Probiert es doch mal aus.

Mal abgesehen vom potenziellen »Nutzen« ist es auch schön, einander zu kennen, und im Idealfall werden aus den neuen Bekanntschaften im Laufe der Zeit sogar Freundschaften.

MÜLLEREI MIT
DER GANZEN
FAMILIE

Den eigenen Alltag komplett müllfrei zu gestalten, ist mit Kindern natürlich noch mal eine andere Herausforderung, als wenn dies Erwachsene für sich entscheiden. Nicht nur benötigen Babys und Kleinkinder eine Menge Utensilien, die normalerweise nur verpackt erhältlich sind, wie zum Beispiel Windeln (dazu später in diesem Kapitel), sondern es stellt sich auch die Frage, wie man den Kindern den Lifestyle erklärt und wie man damit umgeht, wenn sie im Kindergarten, von Freunden oder Verwandten Geschenke erhalten, die verpackt sind.

KINDER BESITZEN EIN NATÜRLICHES UMWELTBEWUSSTSEIN

Unserer Erfahrung nach sind Kinder sehr empfindsam, was ihre Umwelt angeht. Haudrauf-Pädagogik mit langen Vorträgen begleitet von fiesen Bildern ist überhaupt nicht nötig, um ein Umweltbewusstsein zu schaffen. Sobald das Thema Müll einmal auf dem Tisch ist, fangen die Kinder ganz von selbst an, sich damit auseinanderzusetzen. Unsere Große hat den Wandel kommentarlos hingenommen und mit dem Älterwerden angefangen, immer mehr Fragen zu stellen. Der Müll fällt ihr mittlerweile überall auf, sei es auf dem Spielplatz oder am Meer, und er macht sie traurig. Mit ihren vier Jahren hat sie zwar noch nie eines der schrecklichen Videos oder jene Bilder gesehen, wie vom Plastikmüll verstümmelte Tiere sich quälen, aber die eigene Vorstellung reicht aus, um sie sehr betroffen zu machen. Sie weiß, das Plastik nicht vergeht, sondern nur kleiner und kleiner wird, und sie kann ihren Freunden im Kindergarten voller Überzeugung erklären, warum sie keine Plastiksachen benutzt, denn »das haben dann am Ende die Fische im Bauch, und das will ich nicht«.

Kindern die Wahl lassen

Damit Zero Waste Spaß macht, lassen wir unserer Tochter häufig die Wahl. Entscheidet sie sich im Laden für ein verpacktes Produkt, dann bewahrt sie die Verpackung in ihrem eigenen Müllglas auf. Ein Großteil ihres bereits gesammelten Mülls besteht aus dem Inhalt von Geburtstags-Goodie-Bags, eine Praxis, die sich hierzulande mittlerweile durchgesetzt hat: Am Ende von fast jedem Kindergeburtstag wird den eingeladenen Kindern eine Plastiktüte voller Spielzeug (zumeist aus Plastik) und etwas Süßkram überreicht wird. Da bleibt natürlich viel Müll übrig, und der landet in besagtem Glas.

Für unsere jüngere Tochter ist dieses eine Art Schatztruhe. Verpackungen sind ihr nahezu fremd, weswegen sie das raschelnde Plastik immer wieder aus dem Glas fischt, um es kurz darauf wieder einzuräumen. Das hat fast schon etwas Andächtiges.

Allgemein kann man sagen, dass wir versuchen, locker zu bleiben und das Zero-Waste-Leben mit unseren Kindern als spielerische Herausforderung zu betrachten: wenig dogmatisch, aber mit viel Leidenschaft. Bis jetzt funktioniert das ganz hervorragend, und unserer Erfahrung nach sind Kinder begnadete Zero Waster.

Emma, unsere große Tochter, erklärt inzwischen jedem, dass wir müllfrei leben, und kann bei Nachfragen schon sehr gut erklären, wie das funktioniert. Wie sinnvoll es ist, nicht alles gleich neu zu kaufen, sondern etwas zu reparieren, zeigte sich an ihrer Fahrradklingel. Die Klingel war passend zu ihrem Fahrrad gestrichen: in einem leuchtenden Pink (sie wurde gemeinsam mit dem Rad gebraucht gekauft). Durch einige Stürze wurde sie in Mitleidenschaft gezogen, von der Farbe war schließlich fast nichts mehr übrig, auch der Klingelmechanismus funktionierte nur noch eingeschränkt. Carlo suchte in den Kleinanzeigen nach einer Klingel, wurde aber nicht fündig. Als er Emma eine neue Klingel kaufen wollte, sagte unsere Tochter: »Können wir die Klingel nicht reparieren und streichen?«

WARUM WIR KEIN MÜLLGLAS HABEN

Häufig werden wir gefragt, ob der Müll eines Jahres auch in unserem Fall in ein Glas passen würde. Die Antwort ist ein eindeutiges Ja. Der Müll, den wir mittlerweile produzieren, würde in ein solches Glas passen. Doch um ehrlich zu sein: Uns ist es nie in den Sinn gekommen, unseren noch anfallenden Müll in einem Glas zu sammeln. Für Emma und Holly fanden wir den Gedanken sinnvoll, den Müll sichtbar zu machen, um ein Bewusstsein dafür zu schaffen, was sich da anhäuft (oder eben nicht). Wir aber wissen, was wir an Müll verursachen, und uns genügt es, zu wissen, wie wir es mit dem Müll handhaben.

WICKELN, STILLEN & CO.

FEUCHTTÜCHER

Das Baby ist auf dem Weg, und die Erstausstattung muss gekauft werden. Auf so gut wie jeder Liste wird man Feuchttücher finden. Also auf in den Drogeriemarkt, wo einem von den meisten Verpackungen glückliche Säugling entgegenstrahlen ... Aber was ist wirklich in einem Feuchttuch, und warum steht auf keiner Liste, dass eine Schale mit lauwarmem Wasser und ein Waschlappen vollkommen ausreichen?

DER FAKTENCHECK:

> Die meisten Feuchttücher bestehen aus einem Mischfaserflies (Kunststoff, da bist du ja wieder, und mit dir ein weiteres Entsorgungsproblem).

> Die »pflegenden Eigenschaften« werden mithilfe von Konservierungsmitteln wie Parabenen (gelten als allergieauslösend), synthetischen Duftstoffen, Tensiden (synthetisch hergestellten waschaktiven Substanzen auf petrochemikalischer Basis, die die natürlichen Tenside, Seifen, nahezu verdrängt haben) etc. generiert. Spätestens nach eingehender Prüfung der Inhaltsstoffe kann von »pflegen« nicht wirklich die Rede sein. Viele Babys reagieren äußerst empfindlich auf Feuchttücher, und abgesehen davon kann man mit warmem Wasser und ein paar sauberen Baumwolltüchern eine stattliche Summe Geld sparen.

Gerade beim ersten Kind lässt man sich häufig von gut gemeinten Ratschlägen verunsichern. Uns hat es geholfen, auf unser Bauchgefühl zu hören, und dennoch haben wir aus Unwissenheit oder auch aus Bequemlichkeit immer wieder die für uns mittlerweile »falschen« Entscheidungen getroffen.

Vielleicht denkt ihr jetzt, zu Hause ist die DIY-Variante ja schön und gut, aber was mache ich unterwegs? In diesem Fall empfehle ich, zwei Beutelchen dabeizuhaben, eines mit sauberen Baumwolltüchern und ein sogenanntes Wetbag für die benutzten Tücher. Dieses kannst du mit wenigen Ausgangsmaterialien selbst fertigen.

WETBAG, SELBST GEMACHT

DAFÜR BRAUCHST DU:

> 1 alte Plastiktüte
> 1 Stoffrest (wir haben uns für einen Baumwollrest entschieden)
> 1 Reißverschluss, passend zur Größe des Wetbags

Auch hier ist die Größe variabel. Reißverschlüsse sowie sonstiges Nähzubehör findet man auf den meisten Flohmärkten.

SO GEHT'S:

> Der Stoff wird zweimal auf 21 × 14 cm zugeschnitten, die Tüte ebenfalls. Am leichtesten geht es, den Stoff auf die Tüte zu legen und dann entlang der Konturen zu schneiden. Bitte nicht feststecken, da man so die Tüte beschädigen würde.
> Mit einem Zickzackstich die Stoff- und Plastiklagen verbinden.
> Reißverschluss einnähen.
> Alle offenen Nähte schließen – und fertig ist der Wetbag.

Tipp: Die kleine Ausführung ist ideal für benutzte Taschentücher, für Stoffwindeln kann man eine größere Variante nähen.

Vor Ort ist es dann möglich, beim Windelwechseln die trockenen Baumwolltücher mit Wasser anzufeuchten. Die benutzten sind dann in das besagt Wetbag zu geben.

Wer lieber noch besser vorbereitet das Haus verlässt, hat die Möglichkeit, Feuchttücher selber herzustellen.

DIY-FEUCHTTÜCHER

DAFÜR BRAUCHST DU:

> 230 ml abgekochtes Wasser
> 1 EL Kokosöl
> 1 dicht schließende Brotzeitdose (o. Ä.)

SO GEHT'S:

> Tücher in Quadrate reißen (20 cm × 20 cm), diese Technik ist schnell und praktisch und auch recht akkurat. Besonders gut eignen sich Moltontücher, da sie sehr weich sind.
> Kokosöl in Wasser einrühren.
> Über die Tücher in der Box gießen.
> Die angegebene Flüssigkeitsmenge reicht für rund 18 Tücher.
> Überschüssige Flüssigkeit aus der Dose in ein Schälchen geben und weiterverwenden. Die feuchten Tücher nicht länger als zwei Tage benutzen, danach neue Tücher anfertigen.

STOFFWINDELN

Die erste Reaktion auf meinen Wunsch, Stoffwindeln für unser Baby zu verwenden, war ungefähr die: »Tu dir das nicht an, das ist ein riesen Aufwand und soooo unpraktisch. Außerdem tust du der Umwelt auch keinen Gefallen, wenn du so oft wäschst.«

Mmh, ist das wirklich so? Nein, ist es nicht. Stoffwindeln sind toll, und das aus so vielen verschiedenen Gründen:

> Sie bestehen aus natürlichen Materialien.
> Sie sind wiederverwendbar.
> Am Ende ihres Einsatzes können sie heiß gewaschen und an die nächste Familie weitergegeben werden.
> Dein Kind ist meistens um einiges früher trocken als Kinder in Wegwerfwindeln.
> Ich könnte noch ewig so weitermachen, aber ich denke, euch reicht es fürs Erste.

O.k., zugegebenermaßen muss man die Stoffwindeln relativ häufig waschen, aber auch hierfür gibt es gerade in Städten tolle Angebote wie z.B. den Windelwaschservice.

Was steht dem »hohen« Wasser und Energieverbrauch gegenüber?

> Die Wegwerfwindel zersetzt sich nach etwa 450 Jahren, wobei »zersetzen« hier nicht mit biologischem Abbau zu verwechseln ist, sie zerfällt lediglich zu mikroskopisch kleinen Kunststoffpartikeln.
> Die Außenhaut der Windel besteht meist aus Polyethylen und das Innenleben aus Zellstoff, dieser wird wiederum gern mit Polymersalzen angereichert und nennt sich dann »superabsorber«.
> Das wenig atmungsaktive Windelklima sorgt bei vielen Babys und Kindern für Reizungen oder Irritationen wie etwa Windeldermatitis. Gerade für Jungs ist ein gesunder Temperaturaustausch wichtig.
> In der Erstanschaffung sind Stoffwindeln in der Regel um ein Vielfaches teurer, doch mit der Zeit sieht es anders aus. Geht man davon aus, dass ein Kind mit 2,5 Jahren trocken ist, schlagen Wegwerfwindeln mit geschätzten 730 bis 1275 Euro zu Buche. Wer sich für neue Stoffwindeln entschließt, muss für den gleichen Zeitraum ungefähr 300 bis 500 Euro einplanen. Die waschbare Alternative hat also nicht nur ökologisch die Nase vorn. Und noch günstiger wird es, wenn man Stoffwindeln gebraucht kauft.

»KOMMUNIKATION« STATT WINDELN

Diese Methode, die unter der Abkürzung EC (für *Elimination Communication*) bekannt ist, ist mein absoluter Favorit unter allen vorgeschlagenen Alternativen. Anstatt sich den Kopf darüber zu zerbrechen, wie man den Windelalltag mit Baby und Kleinkind plant, lässt man die Windel einfach weg. Der dahinterstehende Gedanke ist, dass Babys und Kleinkinder keine Windeln brauchen. Als Mutter weiß man, wann sein Kind müde und wann es hungrig ist, warum sollte man es ihnen nicht auch ansehen können, wenn sie mal müssen?

EC funktioniert ab Geburt. Unsere zweite Tochter und ich haben es probiert, unsere Versuche waren jedoch nicht von Erfolg gekrönt. Daher bin ich ihr umso dankbarer, dass sie sich im Alter von 18 Monaten dazu entschieden hat, die Toilette zu benutzen, und absolut problemlos trocken wurde.

Ich habe mich mit vielen Müttern über EC unterhalten, weil mich nach wie vor der Gedanke fasziniert. Nach den Gesprächen vermute ich, dass mir möglicherweise die richtige Lektüre gefehlt hat.

TIPP

Buchtipps von Müttern, die ihre Kinder windelfrei großgezogen haben:

> Ingrid Bauer: *Es geht auch ohne Windeln. Der sanfte Weg zur natürlichen Baby-pflege*. München 2004
> Jessica von Haeseler: *Windelfrei. Einfach und mit Spaß*. Leipzig 2016

STILLEN

Wie bei allem gibt es auch zum Thema Stillen ein unglaubliches Angebot von Zubehör. In der Regel reicht es, etwa zehn Stoffwindeln aus Baumwolle sowie einige waschbare Stilleinlagen zu besitzen. Die Stilleinlagen gibt es aus verschiedenen Materialen, in der Handhabung sind sie alle ähnlich, und ich persönlich fand sie sehr praktisch.

Ein bisschen off topic, aber praktisch und müllfrei: Gerade in den ersten Wochen nach der Geburt kommt es häufiger zu Entzündungen der Brust. Ein absoluter Retter können dann Weißkrautwickel sein. Hierzu werden die einzelnen Blätter für kurze Zeit in den Kühlschrank oder ins Eisfach gelegt und dann mit dem Nudelholz auf einem sauberen Untergrund (frisch gewaschenes Baumwolltuch) gewalzt. So kann der Saft austreten. Das Ganze wird dann in den BH gesteckt und wirkt dort manchmal wahre Wunder. Wenn man den Wickel nicht mehr braucht, kann er auf den Kompost.

Lätzchen

Wenn man an Lätzchen denkt, fallen einem oft diese quietschbunten Plastikdinger mit Auffangschale unten dran ein, und die sind nicht nur gesundheitlich bedenklich, sondern auch überflüssig. Die waschbare Alternative aus Baumwolle ist nicht nur umweltfreundlicher, sondern auch hygienischer, weil man sie zwischendrin einfach mal mit in die Kochwäsche werfen kann. Auch hier sind der eigenen Fantasie keine Grenzen gesetzt, und es braucht nicht viel mehr als ein altes Handtuch und ein paar bunte Stoffreste, um ein schönes Lätzchen kostengünstig selbst herzustellen.

Fläschchen aus Glas oder Edelstahl

Das heiß geliebte Fläschchen besteht häufig aus Kunststoff und wird gerne mit Argumenten wie bruchsicher, kindgerechtes Design etc. verkauft. Aber was trinkt das Baby da eigentlich mit?

Zwar steht beim Kauf dick und fett »BPA-frei« auf der Flasche, aber es wird weniger deutlich zu verstehen gegeben, dass BPA ersetzt wurde, und zwar – Überraschung – durch Bisphenol S. Zwar sollte es bei in Deutschland hergestellten Babyflaschen nicht mehr vorkommen, diese Richtlinien gelten aber nicht für Produkte aus China oder den USA. Dabei ist Bisphenol für unseren Organismus ähnlich schädlich wie BPA (siehe Seite 23), auch in minimalen Mengen, womöglich sind die Gefahren, die von dieser chemischen Substanz ausgehen, sogar noch größer.

Für Babyfläschchen gibt es schöne Alternativen aus Glas oder Edelstahl (Letztere gibt es sogar in isolierter Form). Auch toll, manche Hersteller bieten mitwachsende Fläschchen an. Die Sauger können etappenweise ausgetauscht werden bis hin zu einem Trinkaufsatz für ältere Kinder. Produkte dieser Art sind Ressourcen schonend, langlebig und plastikfrei.

OLIVENÖL ZUR HAUTPFLEGE

Es gibt fast nichts, was es nicht gibt, das gilt auch im Bereich der Babykosmetik. Für uns war in dieser Hinsicht weniger schon immer mehr, vor allem nachdem uns die Hebamme den tollen Tipp gegeben hatte, unsere Kleine vor dem Baden mit Olivenöl einzuölen, damit die zarte Babyhaut durch das Wasser nicht zu sehr austrocknet. Das Einmassieren ist für das Baby und die Eltern ein gleichermaßen entspannendes Erlebnis und eine schöne Vorbereitung auf den Badespaß. Praktisch ist dabei, dass Olivenöl ohnehin meist jeder zu Hause hat. Natürlich kann man auch ein hochwertigeres beziehungsweise anderes Öl verwenden, eine Alternative, die auch einen regionaleren Charakter hätte, wäre zum Beispiel ein Sonnenblumen-Kernöl.

Auch der Milchschorf auf dem Kopf von Säuglingen lässt sich ganz ohne Chemie mit Oliven- oder Kokosöl entfernen. Vor dem Baden wird die Kopfhaut sanft mit dem Öl massiert. Nach dem Bad lässt sich dann der Schorf vorsichtig mit einem trockenen Handtuch abrubbeln.

SCHWARZTEEBÄDER BEI GEREIZTER HAUT

Ein wunder Po ist bei kleinen Babys und Kleinkindern keine Seltenheit. Schnelle Abhilfe schafft ein Hausmittel, das sich häufig in der eigenen Küche findet: Schwarztee. Man verwendet ihn zu einem starken Aufguss gebrüht (ca. 3 TL Bioschwarztee mit etwa 400 ml kochendem Wasser aufgießen und abkühlen lassen). Bei kleinen Babys kann der abgekühlte Aufguss mithilfe eines Stofflappens im Windelbereich aufgetupft werden. Größere Kinder kann man auch in ein Schwarzteebad setzen. Ca. 5 cm hoch das Wasser in die Wanne einlassen und dann die doppelte Menge des oben angegebenen Rezepts in die Wanne geben.

KINDERZAHNBÜRSTE AUS BAMBUS

Richtige Zahnpflege bei Kleinkindern ist wichtig, auch hier gibt es tolle plastikfreie und kompostierbare Alternativen für Kinder.

SCHNULLER

Schnuller sind definitiv ein Thema, bei dem sich die Geister scheiden, die einen verdammen sie, die anderen feiern den Tag, an dem der von Bauchschmerzen geplagte Säugling den Schnuller endlich nimmt. Im Drogeriemarkt findet man in der Regel nur Plastikschnuller mit Saugern aus Silikon. Doch es gibt auch hier Alternativen, einige Bioläden oder gut sortierte Fachhändler bieten Schnuller aus Kautschuk an. Da sie ganz anders aussehen als die bunten Modelle aus Plastik, können sie auch abschreckend wirken. So war es zumindest bei unserer großen Tochter der Fall. Als ihr die Kautschukalternative angeboten wurde, lehnte sie dankend ab und entwöhnte sich einfach schnell selbst. Unsere jüngste Tochter indes ist schwer abhängig von ihrem Schnuller und liebt ihn heiß und innig.

Kautschuk stammt von dem indianischen Wort »cahuchu« ab und heißt so viel wie »fließendes Holz« oder »weinender Baum«. Naturkautschukmilch ist oft besser bekannt unter dem Namen Latex. Um diese Milch zu gewinnen, muss die Rinde des Baums angeschnitten werden, wenn dieser ungefähr fünf Jahre alt ist. Die Hauptursprungsländer sind Thailand, Malaysia und Indonesien, sie bestreiten gemeinsam 75 Prozent der Weltproduktion.

Das Tolle ist, bei Kautschuk handelt es sich um ein 100 Prozent natürliches Material und ist somit kompostierbar. Allerdings dauert dieser Prozess mitunter sehr lange. Ähnlich wie bei den Bambuszahnbürsten ist es in den meisten Städten und Gemeinden nicht gestattet, die Schnuller in die braune Komposttonne zu geben. Experimente im eigenen Komposthaufen sind natürlich jederzeit erlaubt.

MUT ZUR EIGENEN MEINUNG

Keiner von uns möchte gerne als Freak abgestempelt werden. Im Grunde genommen sollte es uns zwar ganz egal sein, was andere über uns denken, doch manchmal haben wir das Gefühl, dass wir ziemlich alleine dastehen mit den vielen Gedanken und Sorgen über Schadstoffe und Plastik, wenn wir beobachten, wie alle anderen so selbstverständlich mit diesen Materialien umgehen.

So ging es uns bei unserer ersten Tochter häufig. Aus Unsicherheit gingen wir Kompromisse ein, zu denen wir heute nicht mehr bereit wären. Ist dies oder jenes Produkt wirklich besser, nur weil alle es verwenden? Oder hat da ein Großkonzern einfach viel Geld für tolle Imagekampagnen und Verblendungsstrategien investiert?

Egal, wie es ist und warum: Traut euch, eine eigene Meinung zu haben und die Dinge zu hinterfragen. Es wird immer Menschen geben, die anderer Meinung sind – gerade wenn es um das Thema Kinder geht. Hört auf euer Bauchgefühl und trefft die Entscheidungen, die für euch richtig sind. Das ist am Ende das, worauf es ankommt – und was nicht nur euch, sondern auch euren Kindern guttun wird.

KLEIDUNG UND SPIELZEUG FÜR KINDER

KINDERKLEIDUNG

Als Carlo und ich Eltern wurden, widerstrebte es uns, unser Baby in neue Kleidung zu stecken. Hat man Glück, gibt es im eigenen Umfeld Freunde, die einem gebrauchte Babykleidung leihen oder verkaufen, ansonsten wird man auf Flohmärkten, Babybasaren oder verschiedenen Internetseiten fündig. Einerseits schont das den Geldbeutel, andererseits sind mögliche Schadstoffe und Imprägnierungen (das bezieht sich nur auf konventionelle Kleidung, nicht auf Biokleidung) durch häufiges Waschen kaum noch vorhanden.

Spielzeug Secondhand und vom Flohmarkt

Wer sagt, dass Spielzeug unbedingt aus einem Spielwarenladen kommen muss? Die schönsten Unikate findet man häufig auf Flohmärkten oder in Kleinanzeigen. Eine liebevoll gezimmerte Kinderküche oder selbst genähte Puppenkleidung sind oft viel spannender als konfektioniertes Spielzeug. Unsere Töchter lieben es, mit uns über den Flohmarkt zu stromern und allerhand Entdeckungen zu machen, denn Kindern ist es in der Regel nicht wichtig, woher die Sachen stammen, mit denen sie spielen können.

TAFEL IM KINDERZIMMER

Für malfreudige Kinder kann man eine Holzplatte mit Tafelfarbe streichen und im Kinderzimmer an der Wand befestigen. So spart man Papier – und die kleinen Picassos können sich je nach Größe der Tafel ausleben.

BASTELN MIT KINDERN

Emma und Holly basteln für ihr Leben gern. Besonders Emma hat eine Idee nach der anderen. Ohne Papier geht es also nicht. Wir verwenden Altpapier, etwa Fehlausdrucke aus dem Büro oder Reste aus Druckereien (siehe auch S. 35). Einen Sommer lang haben wir auch Papier in einem selbst gebauten Rahmen geschöpft. Zum Basteln war es okay, aber zum Malen etwas zu grob. Kein Basteln ohne Kleber, wobei wir diesen nicht kaufen, sondern in kleinen Portionen je nach Bedarf selbst anrühren.

ZERO-WASTE-BASTELKLEBER

DAFÜR BRAUCHST DU

> 200 ml Wasser
> 30 g Maisstärke

SO GEHT'S

> Das Wasser in einem Topf erhitzen und die Maisstärke unter ständigem Rühren hinzugeben.
> So lange rühren, bis keine Klümpchen mehr zu sehen sind.
> Kurz aufkochen.
> In ein Schraubglas geben und abkühlen lassen.

Tipp: Den Kleber in kleinen Mengen zubereiten, da er nur etwa eine Woche haltbar ist.

Kinderscheren gibt es ebenfalls plastikfrei zu kaufen, wir haben unsere noch aus dem Fundus meiner Schwiegereltern. Ansonsten wird man auf dem Flohmarkt, in Kleinanzeigen oder auf Tauschbörsen fündig.

Viele Bastelmaterialien findet man bei einem Spaziergang in der Natur. Aus dünnen Haselnussruten und Wollresten kann man tolle Traumfänger basteln, die man mit weiteren Schätzen schmücken kann. Mittlerweile haben wir ein Sammelsurium an lustigen Bastelergebnissen, Feenflügel aus alten Kleiderbügeln, ein Fernglas aus Klorollen und einem Sisalband oder ein Pappmaschee-Spielhaus aus einem alten Karton.

Wassermalkästen gibt es auch mit auswechselbaren Farbkartuschen. Für Stumpen gibt es Stifteverlängerer, damit man jeden Buntstift aufbrauchen kann.

Da es Knete nicht unverpackt zu kaufen gibt, weichen wir meist auf Alternativen wie Salzteig, Pappmaschee oder Ton aus.

SALZTEIG – DIE ZERO-WASTE-KNETE

DAFÜR BRAUCHST DU:

> 120 g Mehl
> 85 g Salz
> 60 ml warmes Wasser

SO GEHT'S:

> Vermenge die trockenen Zutaten.
> Gebe dann unterrührend die Flüssigkeit hinzu.
> Fertig ist die müllfreie Knete!

Zum Färben verwenden wir z. B. einen Extrakt aus getrockneten Hibiskusblüten (1 TL mit etwas kochendem Wasser aufbrühen, je weniger Wasser, desto intensiver das Ergebnis). Diesen Extrakt dann der Masse beifügen und glatt kneten. Eurer Fantasie sind bei der Farbgebung keine Grenzen gesetzt, auch Rote Bete, Urkarotten o. Ä. eignen sich für schöne Farbkreationen.

Wir empfehlen, die Knete im Kühlschrank aufzubewahren. Entweder in einem luftdichten Bügelglas oder eingewickelt in ein Stück Wachstuch.

SPIELZEUGFREIE ZEIT

Im Vergleich zu vielen anderen Kindern könnte man vielleicht vermuten, dass unsere Kinder auf vieles verzichten müssen. Wir sehen das anders und haben sogar manchmal das Gefühl, dass sie trotz unseres veränderten

Konsumverhaltens wahnsinnig viel Spielzeug haben und manchmal fast übersättigt wirken. Inspiriert vom Kindergarten machen wir dann gerne Folgendes: Wir erklären einen Tag zur »spielzeugfreien Zeit«. An diesem Tag stehen anstatt der Spielsachen nur »gewöhnliche« Haushaltsgegenstände und die Malsachen zur Verfügung. Lustigerweise spielen Kinder sowieso oft lieber mit für uns unspektakulären Gegenständen wie einem Stück Schnur oder einem Ast, den sie irgendwo gefunden haben. So beobachten wir z.B. unsere jüngste Tochter immer wieder dabei, wie sie das Müllglas ihrer großen Schwester ein- und ausräumt, und zwar mit einer Andacht, die in Anbetracht des Inhalts geradezu absurd wirkt. Doch sie liebt es heiß und innig.

Zurück zur spielzeugfreien Zeit – versucht es mal! Wir sind sicher, ihr werdet überrascht sein, wie kreativ eure Kinder werden können.

Technikfreies Aufwachsen

Jedes Mal, wenn ich eines meiner beiden Kinder dabei erwische, wie es mein Smartphone entsperrt, überkommt mich ein ungutes Gefühl. Selbstverständlich habe ich ihnen nie gezeigt, wie ein solches Gerät funktioniert, aber die Kleinen sind gute Beobachter und lernen schnell. Solange es nur um das Entsperren des Handys geht, ist alles gut und schön, aber dabei wird es ja nicht bleiben. In der schnellen Welt des Internets werden sie mit einer Informationsflut überhäuft und dazu animiert, ihre Eltern zu bitten, ihnen den neuesten Schnickschnack zu kaufen. Wir möchten unsere Kinder so lange wie möglich – und das ist in unserer Zeit ohnehin nicht lange – von dieser hochtechnisierten Welt fernhalten, in der man oft so blind und anonym konsumiert.

Der einzige Weg, das glaubhaft vorzuleben, besteht darin, uns selbst zu disziplinieren. Wir bemühen uns daher, zu Hause und in unserer gemeinsamen Freizeit so selten wie möglich nach dem Telefon zu greifen, um unseren Kindern zu zeigen, dass es nicht so wichtig ist, wie es womöglich erscheint. Sind denn ständige Erreichbarkeit und der ununterbrochene Zugang zum Internet wirklich so erstrebenswert? Ist es nicht viel wichtiger zu lernen, wie man abschaltet? Und das im buchstäblichen Sinn des Wortes.

Zero Waste in der Schule

Noch gehen unsere Töchter zwar nicht zur Schule, aber bis es so weit ist, sammeln wir fleißig Ideen zur Müllvermeidung. Das ist unser bisheriger Stand:

> Schulranzen gebraucht kaufen
> Hefte aus Recyclingpapier oder vom Flohmarkt
> Ordner selber machen bzw. recyceln
> Stiftspitzer aus Metall, wenn möglich gebraucht
> Trinkflaschen und Brotzeitboxen aus Edelstahl
> Schultüte selbst basteln, mit Selbstgemachtem füllen, natürlich unverpackt
> Bücher, soweit möglich, als Secondhand-Artikel besorgen
> Buch- und Heftumschläge aus altem Papier oder Karton basteln. Manche Lehrer bestehen auf durchsichtigen Plastikhüllen – in diesem Fall würden wir fragen, was gegen weißes Pergamentpapier spricht? Es ist nahezu transparent und ein guter Ersatz.
> Nachfüllbare Füllfederhalter und Bleistifte mit Mienen

SCHENKEN UND FEIERN

chenken ist schön, es macht Spaß, sich Gedanken über ein passendes Geschenk zu machen, und dem Beschenkten bereitet es eine Freude, etwas geschenkt zu bekommen. Doch häufig schenken wir hübsche, dem Budget entsprechende Dinge, die oft nur eine kurze Lebensdauer oder keinen wirklichen Verwendungszweck haben. Gebrauchsgegenstände zu verschenken, erscheint uns oft zu banal, und Gutscheine empfindet man als zu wenig persönlich. Doch man sollte es auch mal so sehen: Mit einem Gutschein kann man viel mehr als nur einen Gegenstand schenken, man verschenkt ein Event, ein Erlebnis, und damit etwas sehr Wertvolles, eine gemeinsame Erinnerung. Schließlich kann man sich an die tolle gemeinsame Wanderung oder das leckere Essen noch lange erinnern.

Das soll nicht heißen, dass es keine tollen materiellen Geschenkideen gibt. Aber es wäre doch einen Versuch wert, sich über Alternativen Gedanken zu machen, bei denen die gemeinsam verbrachte Zeit im Vordergrund steht. Wir selbst haben in den vergangenen Jahren erfahren, was es heißt, einen Fulltime Job und kleine Kinder zu haben. Da können soziale Kontakte zu Familie und Freunden schnell zur Seltenheit werden. Und das liegt sicher nicht daran, dass man keine Lust dazu hat, sondern ist einfach dem schnell getakteten Alltag geschuldet. Gerade wenn man sich nicht so häufig sieht, ist ein Geschenk in Form einer gemeinsamen Aktivität, wie beispielsweise einer Wanderung, eines Kurztrips oder auch eines gemeinsamen Essens, so viel wert.

GESCHENKE

Wir schenken unseren Kindern keine Sachen, hinter denen wir nicht stehen. Fairnesshalber muss man dazusagen, dass die Mädels noch sehr klein sind und wir deshalb noch nie vor schwierigen Entscheidung standen. Das pinkfarbene Fahrrad wurde auf Wunsch geschenkt, gekauft haben wir es auf dem Flohmarkt, und die Feenflügel wurden kurzerhand aus Kleiderbügeln und glitzernden Nylonstrumpfhosen selbst gebastelt. Wir glauben, dass unsere Kinder das verstehen, und wenn es bei uns nicht funktioniert, sind sie glücklicherweise noch mit Omas und Opas gesegnet, die die Dinge manchmal anders sehen als Mama und Papa. Wir werden sehen, was die Zukunft in dieser Hinsicht bringt.

ANDERS VERPACKT

Wenn es sich um ein Geschenk in Form eines Gegenstandes handelt, stellt sich die Frage der Verpackung. Gerade wenn man etwas für Kinder verpackt, kann man bis zu einer gewissen Altersklasse durchaus behaupten, dass es sich beim Geschenkpapier um einen Wegwerfartikel handelt. Es wird schnell auf- und abgerissen und landet am Ende des Tages im Müll. Das muss nicht sein. Deshalb verpacken wir unsere Geschenke gerne in schöne Stofftücher – erwachsene Beschenkte verschenken diese sogar gern weiter.

HANDBEDRUCKTER GESCHENKSTOFF

Aus einem weißen Leintuch mehrere Quadrate schneiden, selbst mit Naturfarben färben oder bedrucken. Hierfür eignet sich Kartoffeldruck besonders gut.

Auch cool: anstatt eines Geschenktuches ein Geschenkbeutel. Die Technik ist die gleiche wie beim Einkaufsbeutel mit Tunnelzug. Der Wahl des Stoffes sind keine Grenzen gesetzt. Wenn man den Beutel nicht mehr als Geschenkverpackung benutzen möchte, kann man ihn auch zum Einkaufen verwenden.

Die Tradition, Geschenke in Stoff einzupacken, nennt sich »Furoshiki« und stammt aus Japan: Dabei werden edle Baumwollstoffe, oft im traditionellen Blaudruck, verwendet. Man könnte fast schon von einer Kunstform sprechen.

Begonnen wurde damit in der Edo-Zeit (1603–1868), dort wurde das Furoshiki, ein hübsch bedrucktes oder bemaltes quadratisches Tuch, benutzt, um Kleidung darin zu transportieren oder eben Geschenke zu verpacken, ganz gleich, ob es sich um eine Sake-Flasche oder eine Bento-Box handelt. Beispiele findet ihr z.B. unter http://furoshiki.com/techniques/.

Ressourcenarme Party-Deko

> Selbst gelochtes Konfetti aus Papierresten (wenn es nur in der Wohnung verwendet wird, kann man es zusammenfegen, in ein Glas geben und für die nächste Fete wiederverwenden).

> Partyhüte, okay, das mag albern klingen, aber ich mag Partyhüte. Wir haben seit unserem ersten gemeinsamen Weihnachtsfest welche und verwenden sie seither jedes Jahr wieder. Wenn nicht am Kindergeburtstag, wann dann?!
> Wimpelketten und Girlanden aus Stoffresten oder Papierresten selbst herstellen. Extrem langlebig und auch hübsch.
> Kerzen: Wir haben schöne Kerzen mit Baumwolldocht, die aus Bienenwachs gezogen werden. Gekauft werden sie unverpackt. In kleinen Kerzenständern werden sie um den Kuchen herum dekoriert.
> Wenn die eigene Kollektion an Edelstahlstrohhalmen nicht reicht, gibt es echte Trinkhalme aus Stroh. So hat man auch mal welche in Reserve, und nach der Party können sie ganz ohne schlechtes Gewissen kompostiert werden.
> Stoffservietten anstatt Papierservietten, und wenn die Hände zu klebrig sind, können sie jederzeit im Bad gewaschen werden.

Tipps für den Kindergeburtstag

> Goodie-Bags aus Stoffresten selber nähen.
> Inhalt der Goodie-Bags selbst herstellen, z.B. selbst gebackene Cookies oder Kekse.
> Bei der Party etwas basteln/herstellen, was die Kinder im Anschluss mit nach Hause nehmen können.

Wir waren zum Beispiel einmal zusammen beim Porzellanmalen, die Mädchen haben es geliebt, und am Ende hatte jede ihre eigene Müslischale oder Teetasse. Plastikfrei, müllfrei, Zeit zusammen, hübsch anzusehen und praktischer Gebrauchsgegenstand. Läuft.

Partytipps für Erwachsene

> Stoffservietten statt Papierservietten.

> Rouladenspieße anstatt Zahnstocher oder Plastikspieße für kleine Häppchen oder Spieße verwenden. Am Ende des Abends können sie in die Spülmaschine gesteckt werden.

> Edelstahltrinkhalme oder Strohhalme aus echtem Stroh. Bei vielen Drinks braucht man ohnehin keinen Strohhalm.

> Wein oder Getränke: Wer einen Unverpackt-Laden oder Winzer in der Nähe hat, kann sich die Getränke in mitgebrachte Flaschen füllen lassen. Ansonsten hilft es, auf Kleinigkeiten zu achten, z.B. Getränke ohne Anschrumpfkapseln zu kaufen. Das ist eine extra um den Flaschenhals gelegte Hülle. Viele Hersteller, gerade im Biobereich, verzichten bereits darauf.

> Unverpackte Snacks: Die meisten Unverpackt-Läden bieten einfache Grundzutaten an, aus denen sich leckere Partysnacks machen lassen. Z.B. ein Nussmix aus verschiedenen Nüssen, geröstete und gesalzenen Kürbiskerne, getrocknete Kichererbsen. Diese können im Vorfeld gekocht und dann im Kühlschrank aufbewahrt werden. Am Abend müssen sie dann nur noch auf ein Blech gegeben werden. Parmesan darüberreiben und nach Belieben würzen. Kurz überbacken und dann zum Abkühlen in eine Schale geben.

> Popcorn kann man in einem Topf selber machen und dann je nach Vorliebe salzig oder süß servieren.

> Rohkost-Sticks: Mit Joghurt aus dem Pfandglas kann man im Handumdrehen köstliche Dips herstellen.

> Kleine Häppchen aus Käse und Oliven: Beides kann man in Unverpackt-Läden, aber auch in vielen Bioläden bereits müllfrei kaufen.

MÜLLFREI
IM JOB

Auch im Büro versuchte Carlo, Zero Waste umzusetzen. Anstatt verpackte Sandwiches in der Kantine zu kaufen, nahm er sein Mittagessen im Schraubglas mit, zum Händewaschen hatte er ein kleines Handtuch in seinem Schreibtisch, und auch die Stofftaschentücher blieben von den Kollegen nicht unbemerkt. Mit der Zeit wurden sie neugierig und fragten nach. Also erklärte Carlo ihnen unseren Lebenswandel. Sie hörten zu, nickten und gaben unterschiedliche Kommentare von sich wie: »Ja, das stimmt, wir wissen ja alle nicht genau, was mit unserem ganzen Müll passiert!« Oder: »Darüber habe ich noch nie nachgedacht, was man alles an Verpackung sparen könnte.« Aber auch: »Das ist lobenswert, was Sie da tun, nur sicher nicht ganz unanstrengend, das alles im Alltag und hier im Büro umzusetzen?«

Damit war das Thema erst einmal vom Tisch, Carlo hatte nicht den Eindruck, Mitstreiter gewonnen zu haben. Bei der Geburtstagsfeier eines Kollegen ging Carlo in die Kaffeeküche, um sich eine richtige Gabel und einen Teller zu holen, da es nur Pappteller und Plastikbesteck gab, welches er nicht benutzen wollte. Diese Aktion sorgte für Verwunderung unter den Mitarbeitern »Der meint es wirklich ernst, der denkt tatsächlich an so etwas.«

TIPP

Auf Bürotoiletten gibt es oft Papierhandtücher. Wer dies umgehen möchte, kann sich ein kleines Baumwollhandtuch mitnehmen, das man zu Hause ab und an waschen kann.

Carlos Vorschlag, sie könnten im Wechsel Milch aus der Pfandflasche mit in die Kaffeeküche bringen, um die Kaffeesahne aus der Dose zu vermeiden, stieß jedoch auf taube Ohren. Immer wieder versuchte er, kleine Veränderungen anzuregen oder Denkanstöße zu geben, ohne aufdringlich zu sein. Sein Wunsch war es lediglich, zu vermitteln, dass auch kleine Veränderungen eine große Auswirkung haben können.

KAFFEETRINKER IM BÜRO

Für alle, die auf der Arbeit viel und gern Kaffee trinken und keine Cafeteria vor Ort haben, gibt es eine gute und schnelle Zero-Waste-Alternative: Cafetiere und Schraubglas mit Kaffeepulver mitnehmen. In fast jeder Kaffeeküche gibt es einen Wasserkocher – und schon ist der Kaffee fertig, ganz ohne Müll (der bei Filterkaffee oder Aluminium-Kaffeekapseln anfällt). Cafetieres, auch French Press genannt, gibt es in unterschiedlichen Größen, von drei bis hin zu zehn Tassen.

BERUFSPENDLER

Pendler sind zum Teil länger unterwegs, bis sie ihren Arbeitsplatz erreichen. Zeit, die man für ein Frühstück nutzen kann, wenn man noch bis zur letzten Minute den Schlaf auskosten möchte. Beim *Coffee to go* bieten sich wiederverwendbare Isolierbecher an, in denen der Kaffee oder der Tee von zu Hause mitgenommen werden kann. Die Becher sind in allen möglichen Varianten erhältlich, von Edelstahl bis hin zu Porzellan. Wer mehr Flüssigkeit braucht, kann eine kleine Isolierkanne mit zugehörigem Becher nehmen. Ansonsten gibt es in Cafés vielfach die Möglichkeit, sich Kaffee oder Tee in einen mitgebrachten Becher füllen zu lassen. Für den Transport eines leckeren, selbst geschmierten Brotes verwendet man entweder ein Baumwollsäckchen oder ein Wachstuch (Baumwolle, die mit Bienenwachs beschichtet wird). Sie eignen sich prima als Alternative zur Frischhaltefolie und zum Einpacken von Brotzeiten.

SCHICHTSPEISEN FÜRS FRÜHSTÜCK TO GO

Für das Frühstück selbst kann man sich Alternativen zum klassischen Brot überlegen, beispielsweise Schichtspeisen. So eignen sich Joghurt, Obst und Müsli sehr gut zum Schichten in einem Schraubglas. Zuerst füllt man den

Joghurt ins Glas, darauf kommen abwechselnd klein geschnittenes Obst und Müsli oder Cornflakes. So bleiben die Cerealien knusprig und werden nicht matschig. Man kann sich in einem Schraubglas auch Milch und in einem Baumwollbeutel die Cerealien mitnehmen. Im Zug oder in der S-Bahn mischen und genießen. Nur den Löffel sollte man nicht vergessen.

Nuss-Mus

Nutella und andere Nusscremes bekommt man im Laden meist nur in einem Glas mit einem Plastikdeckel. Wer auf eine dicke Schicht Nusscreme auf seinem Brot nicht verzichten will, kann diese selbst herstellen. Ihr braucht dazu nur einen ordentlichen Mixer, der in der Lage ist, ganze Nüsse (natürlich geschält) zu zerkleinern – und Nüsse eurer Wahl. Die Nüsse je nach euren geschmacklichen Vorlieben zum Beispiel mit ein wenig Salz bestreuen oder Schokostücke hinzugeben. So lange den Mixer betätigen, bis die Nüsse eine cremige Konsistenz haben. Ist das Mus zu fest geworden, helfen ein paar Tropfen neutrales Öl wie Sonnenblumenöl oder Kokosöl. Alles in ein frisch ausgekochtes Schraub- oder Bügelglas füllen – und fertig.

FRISCHKÄSE SELBST GEMACHT

DAFÜR BRAUCHST DU:

> 1 großes Glas Naturjoghurt (den Fettgehalt bestimmt ihr, er ist für die Zubereitung nicht wichtig)
> 1 großes, hohes Bügelglas (1500 ml)
> 1 Mulltuch
> Kordel
> 1 Holzstab oder Holzlöffel
> 1 tiefen Teller

SO GEHT'S

> Mulltuch (ein dünnes, etwas durchlässiges Stofftuch) mittig in einen tiefen Teller legen und den gesamten Joghurt in das Tuch füllen.
> Alle vier Enden des Mulltuchs nach oben klappen und verknoten – oder mit der Kordel zusammenbinden.
> Holzstab/Holzlöffel durch das zusammengebundene Säckchen stecken und es in das große Gefäß hängen. Der Abstand zum Boden sollte mindestens 5 cm sein, je nach Durchmesser des Gefäßes. Der aufgehängte Joghurt verliert einen Großteil seiner Flüssigkeit und muss tropfen können.
> Stellt das Gefäß nun in den Kühlschrank. Je nachdem, wie cremig ihr den Frischkäse mögt, könnt ihr ihn mindestens 6 bis 12 Stunden hängen lassen.
> Mulltuch aus dem Glasgefäß herausnehmen, auf einen tiefen Teller legen und den Frischkäse in gespülte Schraubgläser einfüllen.
> Beim Verfeinern sind euch keine Grenzen gesetzt: Mit Salz und Pfeffer, frischem Schnittlauch oder Kräutern aus der Region kann der Frischkäse aufgepeppt werden.
> Das Mulltuch direkt nach Gebrauch auswaschen und einfach wiederverwenden.

SCHREIBEN EINMAL ANDERS

> Sowohl Füller als auch Kugelschreiber gibt es in nachfüllbarer Variante, die dazugehörige Tinte kann in Glasflaschen gekauft werden. Diese Modelle bedeuten zwar eine etwas höhere Erstinvestition, haben uns aber durch ihre Langlebigkeit überzeugt. Und man muss sie auch nicht unbedingt neu erwerben, man kann sich ja auch erst einmal auf die Suche nach gebrauchten Exemplaren machen.

> Textmarker müssen nicht aus Plastik sein, wir empfehlen Nachfüllversionen aus Holz. Einziges Manko ist die Plastikverpackung der Nachfüllminen. Auch herkömmliche Buntstifte in grellen Farben eignen sich zum Markieren von Texten.

> Wenn Lineale oder Geodreiecke aus Plastik gefragt sind, kann man diese leicht gebraucht erstehen. Für alle, die eine Alternative bevorzugen: Sowohl Lineale als auch Geodreiecke gibt es auch aus Holz.

> Als Papier verwenden wir den Ausschuss von Druckereien oder Hefte und Blöcke vom Flohmarkt.

> Mithilfe von Heftringen lassen sich kleinere Arbeitsbücher leicht selbst herstellen. Kleiner Tipp für Bastler: Die Metallschiene im Inneren von Papierordnern ist meist mit herkömmlichen Schrauben angebracht. Diese können gelöst werden – somit ist die Schiene wiederverwendbar. Man braucht dann nur noch die Pappe zu ersetzen.

> Bei Schnellheftern und Ordnern zu Alternativen aus Papier (auch Recyclingpapier) greifen.

> Kunststoffradiergummis lassen sich, wenn sie aufgebraucht sind, durch Radierer aus Naturkautschuk ersetzen.

URLAUB

Als wir vor ein paar Jahren einen Urlaub in England antraten, war unser Zero-Waste-Lifestyle uns bereits in Fleisch und Blut übergegangen. Wir hatten müllfrei gepackt und den Ärmelkanal mit null Müll überquert, das klappte auch auf der Fähre reibungslos – dank eines selbst gepackten Picknicks und etwas Überredungskunst an der Kaffeebar. Wir hatten ein Ferienhaus am Meer gebucht: Wir würden uns selbst versorgen und wollten natürlich auch nur unverpackt einkaufen.

Am Tag der Ankunft hatten wir noch ausreichend Proviant, und so mussten wir bei unserem ersten Stopp im Supermarkt nur etwas Milch, Saft, Brot und Kleinigkeiten zum Frühstück am nächsten Morgen besorgen. Die Gegend war ländlich, und bei der Suche nach Bioläden zeigte uns die Googlesuche ganze null Ergebnisse an. Immer mit dem Vorsatz, so wenig dogmatisch und eingeschränkt wie möglich an die Sache heranzugehen, betraten wir den nächsten Supermarkt, es war spät, und die Kinder waren nach der langen Reise müde, doch unser Einkauf würde länger als geplant dauern, und das hatte hauptsächlich damit zu tun, dass ich den Tränen nahe und kurz davor war, das Geschäft wieder mit leeren Händen zu verlassen. Denn es gab nichts – und damit meine ich tatsächlich nichts – unverpackt. Das allein hätte ich vermutlich noch verkraftet, aber es gab auch nichts bzw. so gut wie nichts (Marmite und Marmeladen waren die Ausnahme) im Glas. Von der Milch bis zum Saft und selbst das Wasser: Alles gab es ausschließlich in Plastikflaschen. Ich hatte das Gefühl, 100 Rückschritte in nur 5 Minuten zu machen, denn es gab absolut keine Alternative, und wir hatten die Wahl, das Geschäft mit leeren Händen zu verlassen und mit zwei müden Kindern weiterzusuchen oder uns den Umständen zu beugen und jede Menge Müll zu kaufen. Es war schwer, und wir rangen mit uns. Doch letztlich entschlossen wir uns dazu, den Laden zu verlassen. Das konnte es einfach nicht gewesen sein!

Auf zum nächsten Supermarkt, doch auch hier wiederholte sich das Szenario, und diesmal hatten unsere Tochter die Nase voll, also taten wir es schweren Herzens und mit dem höchstmöglichen Maß an Missfallen: Wir kauften den Müll, die Phthalate, das BPA und sämtlichen anderen Mist, der mit diesen Lebensmitteln verbunden war. Es fühlte sich nicht gut an, aber es blieb uns keine Wahl. So begann unser erster Zero-Waste-»Fail«.

Sicher, er war den Umständen geschuldet, aber er traf uns unvorbereitet und hart, und wenn ich jetzt darüber schreibe, so merke ich, dass ich noch nicht ganz darüber hinweg bin. Bei der Ankunft im Haus ging es dann ähnlich weiter: Da das Wasser gechlort und mit Fluorid versetzt war, wollten wir es lieber nicht trinken. In einer anderen Supermarktkette wurden wir immerhin fündig, was Wasser in Glasflaschen betraf. Ein weiterer Schock ereilte mich am Morgen nach unserer Ankunft. Es gab keinen Milchmann mehr! Ich hatte davon gelesen, dass diese Praxis in einigen Teilen des Landes abgeschafft worden war, doch ich hatte es versäumt, mich zu erkundigen, wie es in unserer Urlaubsgegend sein würde. Die verhasste Milch aus dem Plastikkanister würde uns also durch den restlichen Aufenthalt begleiten.

Wenn man die Tatsache, dass Zero Waste in diesem Urlaub nur sehr eingeschränkt funktioniert hat, außen vor lässt, hatten wir alles in allem eine sehr schöne Zeit. Nach den ersten frustrierenden Tagen haben wir einfach versucht, das Beste daraus zu machen und uns zu entspannen.

Ein Highlight war der Besuch des Zero-Waste-Restaurants Silo in Brighton: Es gab selbst gebackenes Brot, frisch gepressten Apfelsaft und unglaublich tollen Gemüsekuchen. Das Restaurant hat eine eigene kleine Kompostieranlage und hat es sich zur Aufgabe gemacht, vom Anfang bis zum Ende der Wertschöpfungskette nichts zu verschwenden. Zero Waste eben. Die Anlieferung erfolgt in Mehrwegkisten und Containern, und beim Kochen wird – soweit möglich – alles verwertet. Auf der Toilette findet man keine Seife das Wasser wird mit UV-Licht bestrahlt und so keimfrei gemacht. Bis zu 100 Gäste haben in dem Restaurant Platz.

Für alle, die sich selbst ein Bild machen wollen, hier die Adresse: Silo Brighton, 39 Upper Gardner St, North Laine, Brighton BN1 4AN.

TIPPS FÜR DEN ZERO-WASTE-URLAUB

> Urlaubsort im Vorfeld auschecken und Einkaufsalternativen raussuchen. So weiß man Bescheid und kann sich gegebenenfalls vorbereiten.

> Kulturbeutel mit den wichtigsten Basics bestücken. Je besser man vorbereitet ist, desto geringer ist das Risiko, etwas vor Ort kaufen zu müssen, was dann wiederum verpackt ist.

> Tickets und Stadtpläne: Wer kein Papier verbrauchen möchte, kann Tickets online kaufen. E-Tickets oder auch Board-Karten auf dem Handy sparen einiges an Müll.

> Mittlerweile gibt es oftmals auch eine Handymaut, kein Anstehen und noch viel besser: keine Tickets mehr. Die Videokamera erkennt das Kennzeichen, und man kann bequem durchfahren. Gleiches gilt für Stadtpläne, entweder man lädt sie als App herunter oder verwendet Google Maps.

URBAN GARDENING

Wie viele Eltern haben auch wir uns immer vorgestellt, wie schön es wäre, wenn die eigenen Kinder im Garten vor dem Haus herumtollen könnten. Wie wir gemeinsam Obst und Gemüse anbauen würden und die Kinder den Pflanzen beim Wachsen zuschauen könnten. Da wir mitten in der Stadt leben, haben wir leider keinen eigenen Garten, sondern einen asphaltierten Hof. Besser als nix, dachten wir und begannen, unseren eigenen kleinen Garten in einzelnen Töpfen anzulegen. Später kam ein Palettenbeet dazu, und mittlerweile haben wir eine kleine Sammlung an Kräutern und Nachtschattengewächsen, die wir den Sommer über hegen und an denen wir uns erfreuen.

Emma liebt unsere grüne Ecke. Am liebsten nascht sie vom Sauerampfer und erntet Minzblätter für ihren Frühstückstee. Auch Holly bringt sich gerne ein, ihr absoluter Favorit ist das Gießen mit Regenwasser. Das Regenwasser sammeln wir in einer alten Zinkwanne.

DIY-PALETTENBEET

> Die Transportpalette (die bekommt man im Supermarkt oder im Baumakt) vertikal auf der langen Seite aufstellen.

> Vorher die drei Bretter auf der Oberseite der Platte lösen und diese an der Unterseite verschrauben – so entstehen drei lange »Beete«.

> Als Füße verwendeten wir Restholz, dazu zwei Bretter möglichst gleicher Länge unten auf die lange Seite der Palette schrauben und mit einem Winkel oder einem Querbrett stabilisieren.

> Zum Schluss die Beete mit Mulltüchern auslegen (es eigenen sich auch Jutesäcke oder Filz) und mit Erde befüllen. Die Tücher verhindern, dass die Erde beim Gießen aus dem Beet rieselt.

> Palettenbeete eignet sich besonders gut zum Anbau von Gartenkräutern, da der Boden etwas erhöht ist, wird er leichter erwärmt, was die meisten Kräuter lieben!

GÄRTNERN IN DER STADT

In größeren Städten, aber auch auf Dörfern gedeihen mehr und mehr Gemeinschaftsgärten oder Projekte wie die »essbare Stadt« Wer mithilft, erhält bei der Ernte einen bestimmten Anteil des Ertrages. Eine weitere Möglichkeit sind sogenannte Solidarische Landwirtschaften, die entweder von Einzelpersonen oder Vereinen betrieben werden und mit Vertragspartnern auf lokaler Ebene kooperieren. Die Verbraucher geben eine Abnahmegarantie für sechs Monate oder ein Jahr ab, im Gegenzug können sie Einblick, sogar Einfluss auf die Produktion (meist biodynamisch) nehmen.

REGIONALER KONSUM

Das Tolle an regionalem Konsum ist, dass er gleich mehrere Probleme auf einmal löst. CO_2-schonend und plastikfrei ist überhaupt kein Ding, wenn man die Milch direkt im Hofladen eines Bauern im Umland kauft, auch Gemüse und Eier kann man so ganz unverpackt und umweltfreundlich erstehen. Man lernt mitunter sogar neue Gemüse- und Getreidesorten kennen und vor allem die Menschen, die diese Lebensmittel anbauen und produzieren. Viele dieser Landwirte tun viel mehr als das, sie setzen sich mit Bodenpflege auseinander und Permakultur. Sie pflanzen zwischen den Feldern Blühstreifen für die Bienen und gehen auch in der Tierhaltung neue Wege.

Ein Besuch auf einem Biobauernhof kann sehr inspirierend sein und räumt auch gleich mit Themen wie »überteuerten« Lebensmitteln auf. Denn wenn man sieht, wie viel Arbeit und Zeit in nachhaltigen Anbau investiert werden, und wenn man dann hochrechnet, was es kosten muss, diesen Aufwand zu betreiben, dann erklärt sich der Preis von selbst. Die Debatte, dass Lebensmittel zu teuer wären, sorgt immer wieder für Furore. Dabei sollten wir uns vielleicht fragen, warum es überhaupt zu einer solchen Kehrtwende gekommen ist. Sind sie nicht eher zu billig geworden? Wie bei allem leidet auf dem Weg mindestens eine Partei unter dem Preisdruck, und das sollte nicht sein.

Wenn man sich ein wenig mit regionalem Anbau auseinandersetzt, erfährt man viel über Alternativen. Dabei kann man Urgetreidesorten, die als Ersatzprodukte für Reis z.B. wirklich was hermachen, und Beten oder Salate, die aufgrund ihrer Seltenheit fast schon in Vergessenheit geraten sind, für sich entdecken.

Das heißt nicht, dass wir nicht auch mal Orangen, Bananen oder Avocados essen. Aber wir versuchen, das bewusst und in Maßen zu tun.

KOMPOSTIEREN

Kompost ist kein Müll, ganz im Gegenteil, Kompost bedeutet Leben. Pflanzen gedeihen um ein Vielfaches besser, wenn man die Erde vorab mit dem reichhaltigen organischen »Müll« vermengt. In den meisten deutschen Städten kann man seinen Kompost in der braunen Tonne entsorgen. Manche städtischen Abfallwirtschaftsunternehmen bieten sogar die Möglichkeit, große Kompostkästen für den Garten bereitzustellen. Einziger Haken: Die von den Abfallwirtschaftsbetrieben zur Verfügung gestellten Komposttonnen dürfen nur restriktiv verwendet werden, sprich keine Essensreste, keine Bienenwachsreste, keine Bambuszahnbürsten etc. Meistens ist der Grund hierfür die zu lange Zersetzungszeit der jeweiligen Dinge.

Wie die meisten Zero Waster wollen wir so wenig Rückstände wie möglich hinterlassen, das gilt auch für unseren Kompost. Da wir zum Großteil kompostierbare Gegenstände verwenden, wünschten wir uns von Anbeginn eine eigene Kompostierlösung. Eine Möglichkeit hierzu ist der Bokashi.

DER BOKASHI

Diese Variante, seine Abfälle zu kompostieren – alles ohne Garten oder Biotonne –, kommt aus Japan (*bokashi* heißt übrigens auf Japanisch so viel wie »Allerlei«). Das Prinzip ist simpel: Man braucht dazu nichts weiter als einen Bokashi-Eimer mit einem dicht schließenden Deckel, einen Zapfhahn und Bokashi-Kleie (kann man im Internet bestellen, aber auch in bestimmten Geschäften erwerben, wenn man sich die Versandverpackung sparen will).

Viel tun muss man auch nicht: Alles, was kompostiert werden soll, wird in zerkleinerter Form in den Bokashi gegeben. Auch Nichtrohes, also gekochte Fleisch- oder Nudelreste, kann man in geringen Mengen in den japanischen Eimer geben. Anschließend eine Handvoll Bokashi-Kleie darüberstreuen. Dieses Vorgehen wird so lange wiederholt, bis der Eimer voll ist.

Ohne die Kleie würde das ganze Gemisch schnell zu faulen anfangen und einen üblen Geruch verbreiten. So riecht es nur etwas säuerlich, ähnlich wie Sauerkraut im Fass. Das liegt am luftdicht abgeschlossenen Eimer (es kommt kein Sauerstoff herein) und an der speziell gemischten Kleie, die auch Melasse und effektive Mikroorganismen enthält. Letztere sind Milchsäure, Hefen und Fotosynthesebakterien, die in Lebensmitteln wie Bier, Joghurt und Sauerkraut vorkommen. Sie setzen den Fermentierungsprozess in Gang. Nach zwei, drei Wochen hat man dann einen super Kompost, mit dem man etwa Setzlinge in Blumentöpfen einpflanzen kann.

DIE WURMBOX

Der Bokashi kam aufgrund des vielen Plastiks nicht für uns infrage, da wir sowohl Zero Waste als auch plastikfrei leben möchten. Für uns war die Wurmbox die perfekte Lösung, und mit ihr entschieden wir uns für fleißige Haustiere. Das war aber nicht von Anfang an so. Wie die meisten Städter haben wir lange Zeit in der braunen Tonne kompostiert. Erst seit einigen Monaten haben wir eine lang ersehnte Wurmbox in unserer Küche stehen. Warum das Ganze so lange warten musste? Weil wir ein extrem entdeckungsfreudiges Kleinkind in der Familie haben. Unsere jüngere Tochter musste erst alt genug werden (zwei Jahre), um zu verstehen, dass man Kompostwürmer nicht in der Küche verteilen darf.

Die Wurmbox haben wir aus Holzresten selbst gebaut. Im Innern wurde sie leicht mit Bienenwachs imprägniert (nicht zu sehr, unsere neuen Mitbewohner sollten ja noch Luft bekommen).

Eine Wurmbox muss nicht groß sein, sie sollte aber auch nicht kleiner als 60 cm lang, 40 cm breit und 30 cm hoch sein. Fertige Modelle aus Keramik oder Holz kann man im Internet käuflich erwerben.

Die Holzkiste war also da, jetzt fehlten nur noch die Würmer und ein wenig Gartenerde (und natürlich die Bioabfälle). Am wichtigsten sind selbstverständlich die kleinen tierischen Helfer. Gebraucht werden spezielle Mistwürmer, lateinisch: *Eisenia foetida*. Sie werden auf Wurmfarmen gezogen und weltweit verschickt.

Unsere Wurmkiste füllten wir also mit Sägespänen, etwas Komposterde und einer Handvoll Würmern. Das Futter für die Würmer können Obst- und Gemüseschalen oder Kaffeesatz sein. Die Erde sollte immer etwas feucht, jedoch nie nass sein, denn sonst besteht das Risiko, dass es in der Kiste zu schimmeln beginnt. Die Küchenabfälle werden immer nur auf die Erde einer Hälfte der Kiste gestreut, danach kommt die nächste Seite dran. Hat der Kompost der ersten vollen Seite den Charakter von Erde angenommen, kann sie verwendet werden. Dazu mit einem groben Sieb die Erde und die Würmer voneinander trennen – Letztere wieder zurück in die Kiste geben.

REPARIEREN

M ake-do-and-mend sagt man auf Englisch, und genau das ist unsere Devise. Solange etwas noch funktionsfähig ist, wird es in unserem Haushalt nicht ausgetauscht – Schönheitsfehler zählen nicht. Kaputte Socken und Strümpfe werden gestopft, und ich bin immer noch froh, dass meine Großmutter mir als Kind gezeigt hat, wie das geht. Einen Wettbewerb würde ich damit sicher nicht gewinnen, aber es hält, und das ist die Hauptsache.

Gerade bei kleinen Kindern, die gerne auf den Knien herumrutschen, sind Löcher in der Hose oder Strumpfhose vorprogrammiert. Jedes Mal ein neues Kleidungsstück zu besorgen kommt für uns nicht infrage. Kinder können ruhig mit einem Flicken auf der Hose spielen, und auch wir Erwachsene tragen gestopfte Socken. Wir schonen Ressourcen, und das ist etwas Gutes – auch wenn der Look dann mal an der einen oder anderen Stelle nicht ganz so perfekt sein mag, wie man es vielleicht gerne hätte.

Und es gibt noch viele andere tolle Tricks, um die Lebensdauer von Kleidung, Spielsachen etc. zu verlängern. Bei Strickkleidung von Kindern kann man beispielsweise »anstricken«: Der Pullover oder die Strickhose wachsen dann einfach mit. Das ist besonders bei Babys, die verhältnismäßig schnell wachsen, überaus praktisch. Diese Bündchen kann man ruhig farbig absetzen, das sieht nett aus.

Und auch gegen fast jeden Fleck ist ein Mittel gewachsen, man muss es nur kennen. Auf dem Flohmarkt findet man häufig alte Bücher zur Haushaltsführung, die mit wertvollen Tipps gespickt sind, aber auch im Internet findet man jede Menge Lösungsvorschläge. Mit ein bisschen Übung kann man die meisten Kleidungsstücke noch retten. Sollte es doch mal der Fall sein, dass sich ein Fleck tatsächlich nicht mehr entfernen lässt, kann man auch etwas aus dem Fleck machen, z.B. eine Blume darauf sticken o.Ä.

Bevor man Kleidung aufgrund von kleinen schadhaften Stellen aussortiert, schadet es nicht, einen Moment innezuhalten und sich den Prozess vor Augen zu führen, in dem es hergestellt wurde. Die Modeindustrie ist hart, *Fast*

Fashion ist zum Standard geworden, und Tausende von Menschen müssen jeden Tag unter unwürdigen Bedingungen für einen Hungerlohn Kleidung produzieren. Wenn wir uns dazu entscheiden, diese Art von Kleidung zu konsumieren, so ehren wir die Arbeiter/-innen immerhin etwas, wenn wir unseren T-Shirts, Hosen oder Socken ein zweites Leben einhauchen.

Unsere Großeltern hatten ein Sonntagskleid und einen Sonntagsanzug, einen guten Wintermantel und ein paar gute Schuhe. Das war's. Diese Kleidung wurde getragen, bis es nicht mehr ging, und deshalb sehr gepflegt. Wie so oft beim Thema Zero Waste geht es auch hier um Wertschätzung. Wir dürfen nicht vergessen, wie viel Aufwand in jedem einzelnen Stück steckt. Jeder von uns sollte frei entscheiden, was er möchte und was nicht. An dieser Stelle jedoch möchten wir zum Nachdenken anregen: Warum brauchen wir so viel von allem, und warum brauchen wir immer Neues?

REPAIR-CAFÉS

Bei Textilien kann man eine Menge selbst reparieren, was aber macht man, wenn der Toaster plötzlich seinen Geist aufgibt oder der Fahrradschlauch ein Loch hat? Ganz einfach: Man geht in ein Repair-Café. Diese gibt es in den meisten größeren Städten und sie sind der ideale Ort, um Menschen kennenzulernen, die einem dabei helfen können, Gegenstände wieder flottzukriegen.

Das erste Reparatur-Cafés wurde 2009 in Amsterdam gegründet, aus Protest gegen eine Überfluss- und Wegwerfgesellschaft – und gegen die Tatsache, dass kaum noch ein Mensch in der Lage ist, seine Kaffeemaschine selbst zu reparieren. Man wollte kein »Sklave der Technologie« sein, sondern sie vielmehr beherrschen. Repair-Cafés sind also keine Orte für Tüftler, die kaputten Geräten wieder Leben einhauchen wollen, auch keine Orte für Menschen, die sich einen teuren Kundendienst nicht leisten können – sie propagieren ein neues Denken, nicht zu verschwenderisch mit unseren Ressourcen umzugehen. Das richtet sich gegen Teile der Industrie, aber auch gegen den bequemen Konsumenten.

Repair-Cafés sind also eine ideale Anlaufstelle in Zeiten, in denen die geplante Obsoleszenz zum Normalzustand geworden ist. Der Erfinder der geplanten Obsoleszenz soll übrigens Alfred P. Sloan gewesen sein, der Präsident des US-amerikanischen Automobilkonzerns General Motors. In den Zwanzigerjahren ordnete er nachweislich den Einsatz von schlechten Rohstoffen an, damit die Kunden sich schneller für den Neukauf eines Wagens entschieden.

ALTE MÖBEL AUFPOLIEREN

Viele von euch haben vielleicht ein paar Möbelstücke, seien es Stühle, Kommoden oder Tische, die einem am Herzen liegen und älteren Baujahrs sind. Statt sofort ein Möbelgeschäft aufzusuchen und neues Mobiliar zu kaufen, kann man die Oldtimer auch wieder herrichten.

TIPP

Das Modellprojekt *Haus der Eigenarbeit* bietet in vielen Städten Kurse zur Restaurierung von alten, selbst mitgebrachten Möbel an, die man mithilfe kompetenter Beratung in Eigenleistung wieder fit machen kann. Alle notwendigen Werkzeuge, die man benötigt, gibt es vor Ort.

In unserer Wohnung steht das alte Küchenbuffet von Carlos Oma. Jedes Mal, wenn Carlo davorsteht, weckt es Kindheitserinnerungen in ihm. Über die Jahre mussten wir nur kleinere Reparaturen vornehmen, etwa das ein oder andere Fenster austauschen, einen Nagel wieder festklopfen oder einen Riegel für die Öffnung des großen Mittelfensters erneuern. Jedes Mal, wenn wir an dem Buffet vorbeilaufen, freuen wir uns, dass es den täglichen Anforderungen unseres lebhaften Haushalts standhält und sicher noch lange weiter von uns benutzt wird.

Weitere Tipps

> Auch Möbelstücke, die einem nicht mehr gefallen, können mit etwas Farbe und anderen Griffen (findet man auch häufig auf Flohmärkten) komplett verwandelt werden.

> Immer mal was Neues? Sessel oder Stühle können mit einem neuen Stoff und etwas Geschick neu bezogen werden und sind dann nicht mehr wiederzuerkennen. Je nach Form funktioniert das auch mit der Couch und ist besonders schön, wenn die Kinder aus dem Gröbsten raus sind und das Familiensofa den Zustand der Vorzeigbarkeit hinter sich gelassen hat.

Alte Fahrräder wieder fit machen

Manchmal ist es nur ein alter Schlauch oder ein defekter Mantel, der ein Fahrrad am Weiterradeln hindert. Oft kann man ohne viele Vorkenntnisse und Arbeitsaufwand mit einfachen Mitteln und ein wenig Zeit sein Rad wieder flottmachen. Das passende Werkzeug hat auch fast jeder zu Hause, oder man kann es sich leicht in einem Fahrradladen besorgen.

Hin und wieder gibt es jedoch ein Problem am Rad, das sich nicht so leicht lösen lässt. In diesem Fall kann man ein Bikekitchen besuchen. Bei diesen Treffen haben Bastler und Neugierige die Möglichkeit, ihr Rad mit Unterstützung des Teams vor Ort wieder auf Vordermann zu bringen. Werkzeug, Know How und die gängigsten Ersatzteile gibt es vor Ort.

Altes Kinderspielzeug wie neu

Mein Vater hat viele unserer liebsten Kinderspielsachen selbst gefertigt, zum Beispiel Klettermänner und Schaukelfiguren, die er auch auf Kunsthandwerkermärkten verkaufte. Die Spielsachen waren aus Holz und wurden mit der Laubsäge gearbeitet, anschließend wurden sie mit einem Pinsel bemalt. Jahrzehnte und unzählige Kinderhände gingen nicht spurlos an ihnen vorbei. Teilweise sind ein paar Schräubchen, ein wenig Leim oder ein neuer Anstrich notwendig, um sie wieder einsatzbereit zu machen. Emma und Holly sind begeistert, und besonders der Hampelmann erfreut sie immer wieder. Er kann Überschläge machen, einfach nur herumhängen oder schaukeln.

KINDERSPIELZEUG SELBST BAUEN

Carlo wollte unsere Kinder überraschen und bastelte ein Puppen-Baumhaus zum Zusammenstecken. Es lässt sich superschnell auf- und wieder abbauen – wenn die Kinder nicht mehr damit spielen, nimmt es wenig Platz weg, denn es ist nur etwa 40 Zentimeter hoch.

DIY-BAUMHAUS FÜR PUPPEN

DAFÜR BRAUCHST DU:

> 2 größere Bretter (35 cm × 25 cm) gleicher Dicke (8 mm – 12 mm)
> 1 Stichsäge (Laubsäge oder ein Fuchsschwanz tut es auch)
> 1 Schablone für die beiden Baumseiten
> Schmirgelpapier (180er-Körnung)
> Leim
> Rundhölzer (5 mm dick)
> Holzkugeln mit einem 5-mm-Loch und einem Durchmesser von 10 – 15 mm Durchmesser (alternativ: Holzperlen)
> Bohrmaschine oder Akkuschrauber mit Holzbohrer (5 mm)

SO GEHT'S:

> Mithilfe der Schablone die beiden Baumseiten auf die Bretter malen. Darauf achten, dass die beiden Seitenteile mit dicken »Wurzeln« (Füßen) ausgestattet sind. Dank dieser ist das Baumhaus im zusammengesteckten Zustand standfest. Die beiden einzelnen Baumseiten können symmetrisch sein oder unterschiedliche Formen haben: mal einen dickeren Ast weiter oben, mal weiter unten.
> In der vertikalen Mitte darauf achten, dass das eine Baumseitenteil von oben und das andere von unten mit einem Schlitz ausgestattet werden, der so dick wie das Material ist. Auf diese Weise kann man die beiden Baumseitenteile so ineinanderstecken, dass das Haus einen stabilen Aufstand hat.
> Den Rest der Bretter für die Blätter der Bäume nutzen.
> Alles mittels Handstich- oder Laubsäge ausschneiden.

- > Sind Baumblätter und die beiden Baumseitenteile mit allen Schlitzen ausgesägt, kann man Letztere probeweise zusammenstecken und schauen, ob alles passt.
- > Feinarbeiten mit Schmirgelpapier und Bohrmaschine.
- > Passen die Baumblätter dort, wo sie hingehören, kann mittig am Schlitz durch das Baumseitenteil und das Baumhausblatt schräg ein Loch gebohrt werden, wo später die 5-mm-Stäbe mit den aufgeleimten Holzkugeln als Sicherung dienen.
- > Nun bemalen, lackieren oder ölen, sodass das Baumhaus schön aussieht und abwischbar wird.
- > Aus den Resten der 5-mm-Rundstäbe ein kleines Geländer oder eine Leiter bauen. Praktisch gab es kaum Verschnitt aus dem benötigten Material, getreu unserem Motto: »Verwende, was du kannst, und schmeiße nichts weg.«

OHNE —
DER LADEN

Wir waren bereits mitten in unserem Zero-Waste-Alltag angekommen, als mich ein Heißhunger auf Cornflakes überkam. Unsere Anfänge waren an einigen Verzicht gekoppelt, der uns jedoch nie wirklich gestört hat. Aber da war er plötzlich, der Appetit auf knusprige Cornflakes, doch dieses doppelt verpackte Vergnügen war außer Reichweite für mich. Für unsere Kinder sind wir bereit, Kompromisse einzugehen, wenn diese auf etwas bestehen, wir selbst hingegen verzichten vollkommen auf verpackte Lebensmittel und versuchen, keine Ausnahmen zu machen – außer natürlich wir befinden uns in einer Situation, in der es keine unverpackten Alternativen gibt.

Da mein Elan in Sachen Selbermachen nach wie vor ungebrochen war, machte ich mich im Netz auf die Suche nach einem Rezept für Cornflakes. Auf einem amerikanischen Foodblog wurde ich fündig. Ich wandelte das Rezept ab (auf die Zutaten, die sich in unserer Speisekammer finden ließen) und legte los.

Im Prinzip war die Anleitung simpel. Man backt auf dem Backblech möglichst dünne Lagen Teig, zerbricht diese dann und backt sie ein weiteres Mal. Bei Schritt zwei ist dann wohl mein Perfektionismus mit mir durchgegangen. Ich wollte keine Brösel riskieren und brach den Teig in kleine Stücke. Das hat ewig gedauert, und mit dem Ergebnis war ich optisch nicht zufrieden. Also habe ich die Stücke alle noch mal etwas nachgeformt, damit sie ähnlich wie die gekauften Cornflakes auch gewölbt aussehen – im Nachhinein kann ich nur über mich selbst schmunzeln.

Nach ca. 1,5 Stunden Arbeit in der Küche füllte ich meine selbst gemachten Cerealien stolz in ein Bügelglas – eine Portion aß ich natürlich sofort. Geschmeckt haben sie toll, doch während ich aß, dachte ich darüber nach, wie andere Menschen, die Vollzeit arbeiten (ich war zu diesem Zeitpunkt noch in Elternzeit), es schaffen sollen, jede Woche 1,5 Stunden Cornflakes zu backen, um Müll zu vermeiden. Am Abend unterhielt ich mich mit Carlo darüber. Auch wenn wir es selbst nicht so empfanden, bekamen wir von Freunden und Bekannten immer wieder zu hören, wie unglaublich aufwendig unser Alltag sei. Es war also wahrscheinlich, dass ein Großteil der Menschen die Ansicht unserer Bekannten und Freunde teilte. Wie also könnte man den Gedanken von Zero Waste verbreiten und das Ganze so bequem wie möglich gestalten? Die Antwort lag auf der Hand: Ein Unverpackt-Laden wäre die perfekte Lösung. So weit, so gut. Doch wir wären Quereinsteiger, geht das?

WAS IST EIN UNVERPACKT-LADEN?

Das sind Läden, in denen man die Produkte ohne Verpackung kaufen kann. Lebensmitteln wie Reis, Nudeln, Hülsenfrüchte, Ceralien etc. werden über Spender in mitgebrachte Gefäße ausgegeben. Essig, Öl, Spirituosen werden in (mitgebrachte) Flaschen abgefüllt. Reinigungsmittel gibt es lose – pflegende Kosmetik aus großen Pumpspendern.

Nach vielen weiteren Gesprächen beschlossen wir, ja – das geht. Wir hatten bereits aus Konsumentensicht so viel gelernt, und Leidenschaft für die Sache hatten wir ebenfalls. Eine Weile schwankten wir noch, der Schritt in die Selbstständigkeit mit zwei kleinen Kindern hat uns etwas Mut gekostet, doch die Sache, da waren wir uns einig, war es auf jeden Fall wert. Und dann ging es los. Wir konzeptionierten, entwarfen, bauten Prototypen und so weiter und so fort.

Der Weg zum eigenen Geschäft war aufregend. Wir entschieden uns für eine alternative Form der Finanzierung: Crowdfunding. Das Tolle daran ist die Möglichkeit, direktes Feedback zur eigenen Geschäftsidee zu erhalten und nicht allein auf die Bewertung eines Kreditinstituts angewiesen zu sein. Alle, die unser Projekt unterstützenswert fanden, hatten die Möglichkeit, sich ein Dankeschön über unsere Seite auf der Plattform auszuwählen.

Vom Einkaufsset über Gutscheine war alles dabei, und nach gut drei Monaten war unser Funding erfolgreich beendet. Wir waren überglücklich, denn wir hatten nicht nur unser Startgeld beisammen, sondern auch eine ganze Community dazugewonnen. Alles wunderbare Menschen, die uns auf unserem Weg unterstützt haben.

Danach starteten wir gleich in das nächste Abenteuer, die Immobiliensuche. Und auch hier hatten wir Glück. Wir fanden ein zentral gelegenes Ladengeschäft in der Nähe der Universität, in dem wir uns sofort wohlfühlten.

Aufgrund unseres Lebensstils waren die Ansprüche an uns selbst bereits sehr hoch. Wir wollten einen plastikfreien Laden, der mit nachhaltigen Materialien ausgestattet sein sollte, und in allen Prozessen sollte nur ein Minimum an Müll anfallen. Wir saßen viele Nächte lang über den Entwürfen für das Design und freuen uns jetzt jeden Tag, wenn wir in den Laden kommen.

So überrascht es nicht, dass sich bei OHNE alte Vintagestücke mit selbst gestalteten Elementen aus natürlichen Materialien mischen. Wo wir konnten, bezogen wir gebrauchte Geräte, um ressourcenschonend vorzugehen.

Ein Highlight sind unsere *Glasbins*. Die von Carlo entwickelten und patentierten Lebensmittelspender sind die ersten ihrer Art, die aus Glas produziert werden. Hierfür arbeitet er ausschließlich mit regionalen Handwerksbetrieben zusammen. Sie haben eine hohe Lebensdauer, und schon bei der Aufbewahrung vor dem Abverkauf kommen die Lebensmittel nicht mit dem Werkstoff Plastik in Berührung. Mit dem Vertrieb der Spender durch seine Firma Glasbin möchte Carlo auch anderen verpackungsfreien Läden die Möglichkeit geben, Plastik zu umgehen.

Von Anfang an stand für uns fest, dass unser Zero-Waste-Laden ein Bioladen sein würde, denn unsere Vision von einer müllfreien Welt geht Hand in Hand mit der von transparenten Wertschöpfungsketten, kurzen Transportwegen und vielseitigem Anbau. Die verschiedenen Lieferanten ausfindig zu machen und kennenzulernen, hat uns sehr viel Spaß gemacht. Es ist immer wieder toll, zu beobachten, mit wie viel Leidenschaft und Energie diese Menschen daran arbeiten, die Welt ein wenig gerechter und nachhaltiger zu machen.

Ein Teil unseres Ladens besteht aus einem kleinen Bistrobereich, genauer gesagt ist es ein Zero-Waste-Bistro. Das erste der Stadt! Wir betreiben eine sogenannte Verwertungsküche, was bedeutet, dass wir ausschließlich mit den uns zur Verfügung stehenden Zutaten backen und kochen. Jeden Tag Improvisation und jeden Tag etwas Neues. Die Anlieferung der Ware erfolgt soweit möglich in Mehrwegbehältern. Das ist uns bisher dank unseres vielseitig begabten Teams mehr als gelungen, und wir wünschen uns, dass es noch viele Jahre so weitergehen wird. Wir planen bereits weitere Filialen unseres Geschäfts und sind immer wieder gerührt über die Unterstützung, die wir durch unsere Kunden erfahren.

Auch wir sind nicht gefeit vor schlechten Tagen, und wenn verderbliche Lebensmittel übrig bleiben, arbeiten wir mit Foodsharing zusammen. Diese Initiative von Raphael Fellmer und Valentin Thurn hat der Lebensmittelverschwendung den Kampf angesagt und seit ihrer Gründung vor einigen Jahren bereits über fünf Millionen Kilogramm an Lebensmitteln vor der Tonne gerettet.

Abschließend kann man sagen, dass wir sehr dankbar sind für die Erfahrungen, die wir bislang machen durften. Wir haben ein tolles Team und wunderbare Kunden. Gelegentlich bekommen wir auch Besuch von Schulklassen, die sich unseren Laden ansehen und im Anschluss mit uns darüber sprechen. So erfahren wir aus erster Hand, was die kommenden Generationen über den Ansatz von Zero Waste denken – die meisten erachten ein verändertes Konsumverhalten für sinnvoll.

WIRD ALLES
GUT?

Phänomene wie *Fast Fashion* und unsere Wegwerfgesellschaft sind aus den bizarren Idealen einer »Schneller, höher, weiter«-Gesellschaft entstanden und werden auf dem Rücken von Mensch und Natur ausgetragen. ·

Wann ist das passiert? Und warum ist man so besessen von dem Gedanken des ewigen Wachstums? Natürlich will man nicht stagnieren, aber jetzt ist die Zeit gekommen, in anderen Bereichen zu wachsen, nachhaltige Entwicklungen zu allen Themen sind gefragt: Wasser, Ernährung, Mobilität, Landwirtschaft. Transparentere und vor allem kürzere Wertschöpfungsketten. Eine Anti-Plastik-Kampagne ähnlich der Anti-Raucher-Kampagne zum Beispiel könnte die Schäden, die Plastik verursacht, deutlicher machen. Man könnte extra Steuern auf Einwegartikel wie Coffee-to-go-Becher oder Einweggeschirr erheben, Plastikflaschen verbieten und Plastiktüten sowieso.

Aufklärungskampagnen an Schulen und Universitäten zu Themen wie Müll und Ressourcenverschleiß gekoppelt mit praktischen Lösungsansätzen würden den nachfolgenden Generationen einen anderen Blickwinkel eröffnen. Kinder könnten in der Schule die Basics des müllfreien Lebens lernen und im Handarbeitsunterricht beigebracht bekommen, wie man Socken stopft oder kleine Reparaturen selbst durchführt.

Es gäbe Kochunterricht, in dem gezeigt wird, wie man aus wenigen frischen Zutaten eine gesunde und leckere Mahlzeit zubereitet – und das ohne den Einsatz aufwendiger Küchengeräte. Schulgärten oder regelmäßige Ausflüge in den örtlichen Gemeinschaftsgarten könnten gleich mehrere Themen/Fächer abdecken. Zum einen die Grundlagen der Selbstversorgung, aber auch Themen wie die Notwendigkeit der Bienen etc.

Projekte wie die »essbare Stadt« würden sich mehr und mehr durchsetzen. Der autofreie Sonntag würde wieder eingeführt. Die Zahl der Repair-Cafés würde wachsen, und Tauschringe sowie Verleihzentren für Alltagsgegenstände würden vermehrt auftreten. Leuchtende Reklametafeln würden nachts ausgeschaltet werden.

Wir leben in einer verbraucherorientierten Gesellschaft. Daher kann man davon ausgehen, dass am Ende der Konsument die Marktentscheidungen stark beeinflusst. Sicher, wenn man zu realistisch ist, kann man diesen Gedanken gleich wieder zerschlagen, indem man auf das »Geld regiert die Welt«-Argument zurückgreift, aber daran glauben wir nicht. Wir glauben, dass man etwas verändern kann, wenn man in seinem eigenen Umfeld, und sei es ein noch so kleiner Kreis, z. B. die eigene Familie wie in unserem Fall, etwas bewegen kann – ganz im Sinne des Zitats von Mahatma Gandhi: »Be the change you wish to see in the world.«

Wir leben nur einmal, und es ist ein Trugschluss zu glauben, dass wir keine Spuren hinterlassen. Der Schaden, der in den letzten 50 Jahren entstanden ist, übertrifft alles, was man in der bisherigen Weltgeschichte gesehen hat: Raubbau an Ressourcen, Überfischung, immer rascher aussterbende Arten und eben Müll, der vergraben in tiefen Höhlen (Atommüll), aufgelöst in anderen Lebewesen (Mikroplastik), als neue Gesteinsform (Plastiglomerate) oder im Ganzen als riesige Müllstrudel in den Ozeanen omnipresent ist. Es ist einfach, diese Fakten zu ignorieren – doch wie lange noch? In unserer schönen sauberen Stadt wird man nur selten damit konfrontiert, zumindest nicht in so offensichtlicher Form, wie es andernorts der Fall ist. Doch auch hier kann man den Schaden bereits erkennen, wenn man bereit ist hinzuschauen. Zum einen natürlich an Forschungsergebnissen wie bei Mikroplastik, das auch hier in unseren heimischen Gewässern schwimmt und auch hier von Lebewesen aufgenommen wird. Ganz vorne dabei wir selbst.

Wir könnten an dieser Stelle ewig weitermachen. Aber der wesentliche Punkt ist an allen Stellen die Wertschätzung und die Achtsamkeit, die man seinen Mitmenschen und seiner Umwelt gegenüber aufbringt. Das hat nichts mit Askese oder mit Minimalismus zu tun, sondern vielmehr damit, dass man zufrieden sein kann mit dem, was man hat, und darauf acht-gibt. Und sich von dem Gedanken verabschiedet, dass dieses »Mehr« einen glücklicher macht. Wir können immer wieder nur betonen, dass wir uns befreit fühlen. Es ist befreiend, plötzlich nicht mehr »mehr« zu brauchen.

Wir sind nach wie vor keine Minimalisten, doch den Ansatz finde ich ab-solut erstrebenswert, und wir arbeiten Jahr für Jahr ein Stückchen mehr daran, je älter die Kinder werden, desto einfacher wird es natürlich.

Wir glauben, dass es nie zu spät ist für Veränderung, und möchten daher mit einem unserer Lieblingszitate schließen:

> *Treat the earth well: It was not given to you by your parents, it was loaned to you by your children. We do not inherit the earth from our ancestors, we borrow it from our children.*

ANCIENT AMERICAN INDIAN PROVERB

DANK

Unser Dank gilt unserer Familie, unseren Eltern, Großeltern und Geschwistern, vor allem aber unseren Kindern, die uns täglich daran erinnern, warum wir uns dafür entschieden haben, unseren Lebensstil zu verändern.

Des Weiteren bedanken wir uns bei Regina Carstensen, Daniela Riepe, Karina Woller und dem Team des Verlags. Ganz im Sinne von Zero Waste hat die Anfrage, ein Buch zu schreiben, uns eine weitere Erinnerung beschert, die wir sicher nicht vergessen werden.

LITERATUR

Bunk, Anneliese, und Nadine Schubert: Besser leben ohne Plastik. München 2016

Gore, Al: Eine unbequeme Wahrheit. Die drohende Klimakatastrophe und was wir dagegen tun können. München 2006

Hager, Frithjof: Müll und Verantwortung. München 2004

Heckl, Wolfgang M.: Die Kultur der Reparatur. München 2013

Hickmann, Leo: Fast nackt. Mein abenteuerlicher Versuch, ethisch korrekt zu leben. München 2008

Johnson, Bea: Zero Waste Home. Glücklich leben ohne Müll. Reduziere deinen Müll und vereinfache dein Leben. München 2016

Kaller, Nanu: Ich kauf nix! Wie ich durch Shopping-Diät glücklich wurde. Köln 2013

Krautwaschel, Sandra: Plastikfrei Zone. Wie meine Familie es schafft, fast ohne Kunststoff zu leben. München 2012

Naish, John: Wie Sie der Welt des Überflusses entkommen. Bergisch Gladbach 2010

Paech, Niko: Befreiung vom Überfluss. Auf dem Weg in die Postwachstumsökonomie. München 2012

Plöger, Peter: Einfach ein gutes Leben. Aufbruch in eine neue Gesellschaft. München 2011

Pretting, Gerhard, und Werner Boote: Plastic Planet. Die dunkle Seite des Kunststoffs. Freiburg 2014

Schlumberger, Andreas: 50 einfache Dinge, die Sie tun können, um die Welt zu retten. München 2015

Stolpmann, Markus: Weniger! So entmüllen Sie Ihr Leben. North Charleston, South Carolina 2013

Su, Shia: Zero Waste. Weniger Müll ist das neue Grün. Linz 2016

Wolf, Susanne: Nachhaltig leben. Bewusst kaufen, sinnvoll nutzen. Alternativen zum Wegwerfen. Wien 2013

INTERNETSEITEN, DIE WIR HILFREICH FINDEN UND DIE UNS INSPIRIEREN

Gebrauchtes findet man nicht nur auf dem Flohmarkt und im Secondhand-Laden, auch folgende Adressen sind eine Alternative:

> https://www.ebay-kleinanzeigen.de
> http://www.quoka.de
> https://www.kleiderkreisel.de
> https://www.mamikreisel.de
> https://www.rebuy.de/kaufen/

Wer gern selbst repariert und tüftelt, kann sich hier informieren und inspirieren lassen:

> http://www.offene-werkstaetten.org/werkstatt-suche
> https://repaircafe.org/de
> http://www.weupcycle.com
> Zum Thema nachhaltig essen und einkaufen:
> https://utopia.de/ratgeber/verpackungsfreier-supermarkt
> https://foodassembly.de/de
> https://www.solidarische-landwirtschaft.org/de/startseite
> https://foodsharing.de
> http://www.urban-gardening.eu/uber-das-buch
> https://www.slowfood.de

Zum Thema teilen:

> https://www.flinkster.de
> https://de.drive-now.com
> https://beezero.com/de
> https://www.stattauto-muenchen.de
> https://www.car2go.com/DE/de
> https://www.blablacar.de
> https://www.useley.com

Anregungen und DIY-Rezepte:

> http://www.smarticular.net

Außerdem findet man mithilfe verschiedener Suchmaschinen viele hilfreiche Blogs, Anleitungen und Tipps im Netz.

BILDNACHWEIS

S. 15 (Müllglas), S. 38 (DIY-Stoffbeutel), S. 42 (alternative Einkaufsbehältnisse), S. 53 (Kekse), S. 54 (Schokoladenpudding), S. 58 (Stofflappen), S. 65 (Zero-Waste-Bad), S. 71 (Zahnputztabletten), S. 71 (Rasierhobel und Rasierseife), S. 77 (Badreiniger), S. 80 (Bodybutter), S. 82 (Lippenbalsam), S. 83 (DIY-Abschminkpads), S. 98 (Kleiderbürste), S. 104 (Müllglas), S. 108 (Wetbag), S. 113 (Lätzchen), S. 114 (Fläschchen aus Edelstahl), S. 116 (Kinderzahnbürste aus Bambus), S. 119 (Hampelmann), S. 120 (Papier schöpfen), S. 121 (Traumfänger), S. 125 (Schultüte), S. 128 (Geschenkbeutel), S. 129 (Geschenkstoff), S. 135 (Coffee to go), S. 137 (Textmarker), S. 144 (Palettenbeet), S. 148 (Wurmbox), S. 159 (Baumhaus), S. 161 (Einkaufskorb), S. 163 (Unverpackt-Laden), S. 164 (Unverpackt-Laden), S. 166 (Unverpackt-Laden), S. 167 (Unverpackt-Laden): Carlo Krauß

S. 7 (Foto von Hannah Sartin und Carlo Krauß): Fabian Norden

S. 153 (Repair-Café): Mit freundlicher Unterstützung des »HEI – das Haus der Eigenarbeit«

S. 35 (Berg von Plastik): Shutterstock/Ulrich Mueller, S. 43 (Wochenmarkt): Shutterstock/Peter Probst, S. 44 (Hofladen): Shutterstock/Kondor83, S. 48 (Granola-Müsli): Shutterstock/Milen Kanev, S. 50 (Pasta): Shutterstock/Africa Studio, S. 51 (Gnocchi): Shutterstock/Claudio Rampinini, S. 61 (Luffaschwamm): Shutterstock/sirirak kaewgorn, S. 66 (Pobrause): Shutterstock/Sutichak, S. 67 (Bambuszahnbürsten): Shutterstock/Olga Kovalenko, S. 69 (Natron): Shutterstock/Naviya, S. 79 (Aloe-Vera-Pflanze): Shutterstock/Nevada31, S. 85 (Menstruationstassen): Shutterstock/Yulia Grigoryeva, S. 86 (waschbare Binde): Shutterstock/ayakaphoto, S. 90 (Spitzwegerich): Shutterstock/Manfred Ruckszio, S. 93 (Kautschukbaum): Shutterstock/Hasnuddin, S. 97 (Nähzubehör): Shutterstock/kamon_saejueng, S. 98 (Schuster): Shutterstock/Robert Przybysz, S. 110 (Stoffwindeln): Shutterstock/Kitch Bain, S. 143 (Palettenbeet): Shutterstock/Alison Hancock